"读原著·学原文·悟原理"丛书

DUYUANZHU · XUEYUANWEN · WUYUANLI

《自然辩证法》这样学

孙熙国　张　梧 | 主编

任　远 | 著

中国出版集团
研究出版社

图书在版编目 (CIP) 数据

《自然辩证法》这样学 / 任远著. -- 北京 : 研究出版社, 2022.4
ISBN 978-7-5199-1233-8

Ⅰ. ①自… Ⅱ. ①任… Ⅲ. ①《自然辩证法》– 恩格斯著作研究 Ⅳ. ①A811.24

中国版本图书馆CIP数据核字(2022)第049746号

出 品 人：赵卜慧
出版统筹：张高里 丁 波
责任编辑：朱唯唯

《自然辩证法》这样学
ZIRAN BIANZHENGFA ZHEYANGXUE
任远 著
研究出版社 出版发行
（100006 北京市东城区灯市口大街100号华腾商务楼）
北京中科印刷有限公司印刷 新华书店经销
2022年4月第1版 2023年1月第3次印刷
开本：787毫米 × 1092毫米 1/32 印张：4.25
字数：58千字
ISBN 978-7-5199-1233-8 定价：32.00元
电话（010）64217619 64217612（发行部）

“读原著·学原文·悟原理”
丛书编委会

编委会主任

孙熙国，北京大学马克思主义学院教授、博导，北京大学习近平新时代中国特色社会主义思想研究院常务副院长，北京大学学位委员会马克思主义理论学科分会主席，国家“万人计划”教学名师，中央马克思主义理论研究和建设工程课题组首席专家，国务院学位委员会马克思主义理论学科评议组成员，教育部马克思主义理论类专业教学指导委员会副主任委员。兼任国际易学联合会会长，中国历史唯物主义学会副会长，北京市高教学会马克思主义原理研究会会长。

在《哲学研究》等刊物发表学术论文百余篇，著有《先秦哲学的意蕴》《马克思主义基本原理前沿问题研究》（第一作者）等，主编高校哲学专业统一使用重点教材《中国哲学史》，主编全国高中生统用教科书《思想政治·生活与哲学》《思想政治·哲学与文化》，获首届全国优秀教材一等奖。主持“马藏早期文献与马克思主义在中国的早期传播”“马克思主义基本原理的学科对象与理论体系”等国家哲学社会科学重大项目和重点项目。

孙蚌珠，经济学博士，教授。现任北京大学马克思主义学院党委书记、习近平新时代中国特色社会主义研究院副院长。教育部高等学校思想政治理论课教学指导委员会委员总教指委主任委员、“形势与政策”和“当代世界经济和政治”分指导委员会主任委员。马克思主义研究和建设工程首席专家，国家义务教育教科书“道德与法治”编委会主任，国家统编高中思想政治教材《经济与社会》主编、国家中等职业学校思想政治教材编委会主任。中国政治经济学学会副会长、中国《资本论》研究会副会长。主要从事政治经济学、中国特色社会主义经济理论与实践研究，获得过北京市科学技术进步二等奖，是全国首届百名优秀“两课”教师、全国思想政治理论课影响力标兵人物、北京市高等学校教师名师、国家“万人计划”教学名师、享受国务院政府特殊津贴专家。

孙代尧，北京大学法学学士、硕士和博士。现任北京大学博雅特聘教授、社会科学学部学术委员和马克思主义学院学术委员会主任，《北京大学学报（哲学社会科学版）》主编。曾任马克思主义学院副院长、学位委员会主席、教育部高校思政课教学指导委员会委员。

先后入选国务院政府特殊津贴专家、中宣部全国文化名家暨“四个一批”人才、国家“万人计划”第一批哲学社会科学领军人才；担任中央马克思主义理论研究和建设工程专家、中国科学社会主义学会副会长等。

主要从事马克思主义理论、社会主义历史和理论等领域的教学和研究。担任教育部哲学社会科学研究重大课题攻关项目、国家社科基金重大项目首席专家。科研成果曾获北京市哲学社会科学优秀成果一等奖等多个奖项。

张梧，哲学博士。现为北京大学哲学系助理教授、研究员、博士生导师，中国人学学会秘书长、北京大学中国特色社会主义理论体系研究中心研究员、济宁干部政德学院“尼山学者”。主要研究方向是马克思主义哲学史、社会发展理论等。曾著有《马克思恩格斯〈德意志意识形态〉研究读本》《社会发展的全球审视》等学术专著，在《哲学研究》等核心期刊发表论文30余篇。

代序

马克思主义可以这样学

马克思主义应该怎样学？马克思主义经典著作应该怎样读？北京大学马克思主义学院以博士生的“马克思主义经典著作研读”课为抓手，进行了积极的探索，走出了一条“读原著、学原文、悟原理”的新路子，逐步形成了马克思主义理论专业人才培养的“北大模式”。

北京大学具有学习、研究和传播马克思主义的光荣传统。北京大学是中国马克思主义的发祥地，是中国共产党最早的活动基地，是中国马克思主义理论教育的诞生地。1920 年，李大钊在北大开设了“唯物史观”“工人的国际运动与社会主义的将来”“社会主义与社会运动”等马克思主义理论课程和专题讲座，带领学生阅读马克思主义经典著作，公开讲授和宣传马克思主义。李大钊在北大所做的这些工作，与拉布里奥拉在意大利罗马大学、布哈林在苏俄红色教授学院、河上肇在日本京都帝国大学进行的马克思主义理论教学和研究工作，共同开启了马克思主义理论进入高校课堂的先河。

一百多年过去了，一代代的北大人始终把学习研究和宣传马克思主义作为自己的崇高使命，始终把马克思主义经典著作的学习研读作为教育教学的一项重要内容。2014 年 5 月 4 日，习近平在北京大学师生座谈会上的讲话中指出，北京大学是新文化运动的中心和五四运动的策源地，是这段光荣历史的见证者。长期以来，北京大学广大师生始终与祖国和人民共命运、与时代和社会同前进，在各条战线上为我国革命、建设、改革事业作出了重要贡献。2018 年 5 月 2 日，习近平总书记在北京大学考察时指出，北京大学是中国最早传播和研究马克思主义的地方。中国共产党的主要创始人和一些早期著名活动家，正是在北大工作或学习期间开始阅读马克思主义著作、传播马克思主义的，并推动了中国共产党的建立。这是北大的骄傲，也是北大的光荣。由此我们可以看到，北大具有学习研究和传播马克思主义的光荣传统，具有与祖国和人民共命运、与时代和社会同前进的光荣传统，具有爱国、进步、民主、科学的光荣传统。因此，如果要讲北大传统，首先就是马克思主义的传统；如果要讲北大精神，首先就是马克思主义的精神。北大学习研究和传播马克思主义的精神和传统始终与马克思主义经典著作的研读和学习紧紧结合在一起。

2018年5月2日，习近平总书记视察北大马克思主义学院时指出："高校马克思主义学院就是要坚持'马院姓马，在马言马'的鲜明导向和办学原则，为巩固马克思主义在意识形态领域的指导地位，推动马克思主义进校园、进课堂、进学生头脑，发挥应有作用。"在习近平总书记重要讲话精神的指导下，北京大学马克思主义学院逐步确立了以"埋首经典，关注现实"为基本理念、以马克思主义经典文献学习研读为重要内容的马克思主义卓越人才培养的"北大模式"。其中加强和完善"马克思主义经典著作研读"课程，并对研究生、特别是博士研究生进行马克思主义经典著作的中期考核成为北大博士生培养的一个重要环节。

北京大学马克思主义学院的学生究竟怎样学习马克思主义基本原理？怎样阅读马克思主义经典著作呢？

习近平总书记指出："学习理论最有效的办法是

读原著、学原文、悟原理。”要学好马克思主义理论，就必须要读马克思主义经典作家的原著，学马克思主义经典作家的原文，悟马克思主义基本原理。一句话，就是必须要学好马克思主义经典著作。“马克思主义经典著作”这门课一直是我国高校马克思主义学院研究生的核心课程。北大给硕士生开设的马克思主义经典著作课叫“马克思主义经典著作导读”，给博士生开设的马克思主义经典著作课叫“马克思主义经典著作研读”。我负责博士生的“马克思主义经典著作研读”课始自2010年秋季。一开始是我一个人讲，后来孙蚌珠、孙代尧老师加入进来，再后来马克思主义基本原理所、马克思主义发展史所的老师们也陆续加入到了本课程的教学和研究工作中。博士生的“马克思主义经典著作研读”课程的学习时间是一年，学习阅读的文本有30多篇。北大学习研读经典文本的基本方式是在学习某一文本之前，先由学生来做文献综述，通过文献综述把这一文本的文献概况、主要内容、学界争论的焦点问题、学者研究的基本方法和形成的基本范式梳理概括出来。呈现给读者的这套《读原著、学原文、悟原理》丛书，就是北京大学马克思主义学院2016级博士生在“马克思主义经典著作研读”课程学习过程中，在授课老师指导下围绕所学的马克思恩格斯经典文本完成的成果结集。授课教师从2016级博士生的研读成果中精选出了优秀的研究成果，经反复修改完善，以“读原著、学原文、悟原理”作为丛书书名出版。

本丛书收录了从马克思高中毕业撰写的三篇作文到恩格斯晚年撰写的《路德维希·费尔巴哈和德国古典哲学的终结》等代表性著述20余篇。这20篇著作是北京大学马克思主义学院马克思主义理论一级学科各专业和政治经济学、科学社会主义与国际共产主义运动专业博士生必修课“马克思主义经典著作研读”的必学书目。丛书作者对这20余篇著作的研究状况和研究内容的梳理、概括和总结，基本上反映了北大“马克思主义经典著作研读”课程的主要内容，展现了北大马克思主义学院博士生学习研读马克思主义经典著作的基本情况，是北大博士生阅读马克思主义经典文本、学习马克思主义基本原理的一个缩影。在某种意义上说，这些成果体现了北大马克思主义学院博士生学习马克思主义经典著作的基本方式。因此，我们可以自豪地说，马克思主义经典文本可以“这样读”，马克思主义基本原理可以“这样学”。

本书对马克思恩格斯每一时期文本的介绍和阐释主要是围绕以下四个方面的内容展开的。一是对马克思恩格斯这一文本的写作、出版和传播等主要情况的介绍和说明，二是对这一文本的主要内容的介绍和提炼，三是对国内外学者关于这一文本研究的基本方法、形成的基本范式和切入点的概括总结，四是对国内外学者在这一文本研究过程中所涉及到的一些具有争议性的问题或焦点问题的梳理和辨析。在每一章的后面，作者又较为详细地列出了该文本研究的主要参考文献，也就是关于每一个文本的代表性研究成果。本书力图从以上四个方面入手，尽可能客观全面地展示国内外学者关于马克思恩格斯这些经典文本的研究状况、研究结论和研究方法，以期对马克思主义学院师生学习、研读马克思主义经典著作提供参考和借鉴。

马克思主义理论是我们做好一切工作的看家本领，也是领导干部必须普遍掌握的工作制胜的看家本领。我们期望这套20本的“读原著、学原文、悟原理”丛书能够在这方面给大家提供一些积极的启示和有益的帮助。

孙熙国

2022.2

目录 CONTENTS

一、文献写作概况

《自然辩证法》是恩格斯于19世纪70年代搬入伦敦之后，在1873—1883年这10年时间构思写作，先后写出10篇论文，169篇札记和片段，2个计划草案，共计181个部分。但马克思逝世后，恩格斯一直忙于《资本论》第2卷、第3卷的整理工作以及领导国际工人运动，因此这部著作在恩格斯生前未能整理出版。1925年，苏联用德文和俄文第一次以单卷本形式将其出版在《马克思恩格斯文库》第2卷。

19世纪70年代，西欧主要国家正处于第二次大工业时期，主要资本主义国家开始向帝国主义过渡，社会阶级斗争也逐渐尖锐化。一方面，各国资产阶级在理论上攻击和污蔑马克思主义理论；另一方面，无产阶级政党内部的机会主义派别，从各个领域对马克思主义发动了全面进攻。他们以机械论和庸俗进化论来歪曲自然科学成果，用唯心主义、神秘主义和新康德主义来对抗历史唯物主义。尽管此时的自然科学在各个领域都取得了显著的成就，但是形而上学的自然观依旧占据着自然科学家的头脑，使得他们不能正确解释科学现象，而陷入了唯心主义与不可知论，在自然科学中出现了各种唯心主义流派，如以毕希纳为代表的社会达尔文主义，这些都严重阻碍了自然科学的进一步发展。因此，结合当时自然科学发展的成就，阐明自然界的辩证规律，帮助科学家树立一种唯物主义自然观显得尤为重要。

在这个时期，自然科学各个领域的重大发现已经表明之前不同领域之间的有机联系。比如天文学和地质学说明了天体的演化与发展，一元的宇宙概念成为一个不可辩驳的事实；物理学阐释了自然界是一种运动形式向另一种运动形式的过渡，能量守恒定律和其他一些控制能量转换的规律，对自然界现象多样性做出比较圆满的解释；细胞理论表明有机界——原始生物、植物和动物的结构起源的统一。这些成就为恩格斯构思整个自然界如何有机统一起来提供了科学根据。

为了撰写《自然辩证法》一书，恩格斯做了一系列的准备工作。1858 年 7 月至 1873 年 5 月，是恩格斯创立自然辩证法的准备阶段，在长达十五年时间里，恩格斯一直关注自然科学所取得的成果，尤其是细胞理论、能量转化理论以及进化论，先后与马克思、青年化学家卡·肖莱马探讨自然科学的成就。恩格斯逐渐形成了一个宏伟计划，意图对自然科学的重大发现做一个辩证唯物主义总结。1873 年 5 月 30 日恩格斯写给马克思的一封信中提到了他对于自然科学的辩证思考："自然科学的对象是运动着的物质、物体。物体和运动是不可分的，各种物体的形式和种类只有在运动中才能认识，离开运动，离开同其他物体的一切关系，就谈不到物体。物体只有在运动中才显示出它是什么。因此，自然科学只有在物体的相互关系中，在运动中观察物体，才能认识物体。对运动的各种形式的认识，就是对物体的认识。所以，对这些不同的运动形式的探讨，就是自然科学的主要对象。"[1] 这封信也得到马克思的肯定与答复，就这样恩格斯开始致力于《自然辩证法》的写作。

---

① 《马克思恩格斯全集》第 33 卷，人民出版社 1973 年版，第 82—85 页。

《自然辩证法》的形成时间大致可分为两个主要时期，第一个时期从 1873 年年初开始到 1878 年中为止。这个时期恩格斯主要完成了几篇较完整的论文，包括《导言》(即“《自然辩证法》导言”)、《论辩证法》(即“《反杜林论》旧序”)和《劳动在从猿到人转变过程中的作用》，以及大部分札记片段 94 篇，形成了《自然辩证法》基本轮廓。在 1876 年 5 月 28 日，恩格斯曾写信告诉马克思：“这部著作的最终的全貌也已经开始呈现在我的面前。这部著作的清晰的轮廓开始在我的头脑中形成，在海滨这里的闲散对此有不小的帮助，我可以有工夫推敲各个细目。在这个广阔的领域中，绝对有必要不时中断按计划进行的研究工作，并深入思考已经研究出来的东西。”[①] 从信中可以看出恩格斯已经有了全书的轮廓。不过从 1876 年 5 月至 1878 年 5 月，恩格斯由于承担批判杜林的任务，集中精力撰写《反杜林论》，中断了《自然辩证法》的写作。但这两年恩格斯并未放弃继续写作《自然辩证法》的打算。他在 1877 年 7 月 25 日致弗·维德的信中提道：“我

① 《马克思恩格斯全集》第 34 卷，人民出版社 1973 年版，第 20 页。

为《前进报》写完分析批判杜林的文章之后，立即就要集中全副精力去写一部篇幅巨大的独立的著作，这部著作我已经构思好几年了，我之所以至今未能完成这部著作，除了各种外部条件，为各社会主义机关刊物撰稿也是原因之一。已经过了五十六岁了，应该最终下决心节省自己的实践，以便从准备工作中最终得出某种成果。”①

第二个时期是从1878年7月到1883年3月，恩格斯重新忙于《自然辩证法》的写作，在这期间恩格斯拟定了未来著作的具体计划，写了相当数量的札记片段和论文。1883年以后，恩格斯将更多的精力和时间投入《资本论》第2卷和第3卷的工作中，不再专门为《自然辩证法》写新的章节或者札记、片段，开始把一些原本为其他著作写的尚未发表的文章归在本书中。例如，他把1878年写的《反杜林论》旧序，原先为《反杜林论》第二版准备好的附注，把《〈费尔巴哈〉的删略部分》以及《劳动在从猿到人转变过程中的作用》（最初是作为《奴役的三种形式》即《对工人的奴役》的导言），

① 《马克思恩格斯全集》第34卷，人民出版社1973年版，第261页。

都放进这部手稿中。当《资本论》第3卷的工作将近完成时，恩格斯开始准备将手稿整理出版，将包括论文、札记和计划草案在内的181篇手稿，分成四类，每一类集成单独的一束，分别加了醒目的标题：第一束题为《辩证法和自然科学》，共127篇，大部分是较短的札记和片段；第二束题为《自然研究和辩证法》，共6篇，包括1885年为《反杜林论》写的两篇注释和1886年写的《〈费尔巴哈〉的删略部分》；第三束题为《自然辩证法》，包括6篇已完成的论文；第四束题为《数学和自然科学、不同的东西》，共42篇，包括"总计划草案"和"局部计划草案"及其他札记和片段。恩格斯还为第二、三束编了目录。不过从标题看不出是按内容划分，还是严格按写作时间顺序划分，这就为后来学者的编排留下不少疑难。

二、文献内容概要

在我国，《自然辩证法》的中译本前后有五个版本。最新完整版本根据《马克思恩格斯全集》历史考证版第2版（MEGA2）翻译和编排的，收录在2014年出版的《马克思恩格斯全集》中文第2版

第26卷。在目录编排上结合恩格斯《自然辩证法》的写作过程和计划草案，将手稿划分为以下部分："计划草案""历史导论""黑格尔以来的理论发展进程。哲学和自然科学""辩证法作为科学""物质的运动形式以及各门科学的联系""各门科学的辩证内容""自然界和社会"以及"四束手稿目录"。

1. 历史导论

这部分包括《导言》和相关的7条札记片段，内容涵盖了自然科学史、自然观史、自然发展史。其中《导言》是《自然辩证法》中最重要的一篇论文，包含两部分内容。第一部分恩格斯考察了近代自然科学发展历史，指出自然科学在18世纪下半叶和19世纪在各个领域的发展，沉重地打击了形而上学的自然观，为辩证唯物主义自然观的确立提供了科学基础，这样的一种取代并不是一个哲学论断，而是自然科学发展的结果，具体体现在天文学、地质学、古生物学、物理学、化学五个方面，从自然科学的进步阐发了辩证唯物主义自然观代替形而上学自然观的历史必然性。第二部分恩格斯结合具体的科学材料概括描述了自然界无限发展的辩证图景，分析了两个问题，一是从原始星云到人类社会的发展，二是自然界的无限发展过程，强调不是将辩证法注入自然界；而是从自然界中找出这些规律并加以阐发，进一步说明辩证唯物主义自然观的正确性。这一部分札记主要有《科学历史摘要》《古代人的自然观》。《科学历史摘要》考察了天文学、力学、数学的发展，强调了自然科学的发展取决于生产的发展。《古代人的自然观》相关札记中，恩格斯着重研究了古希腊的朴素唯物主义自然观，强调自然科学的发展不断充实和丰富着唯物主义自然观的内容。

2.黑格尔以来的理论发展进程。哲学和自然科学

这部分从理论上论述自然科学与哲学的相互关系，内容包括《〈反杜林论〉旧序。论辩证法》《神灵世界中的自然科学》和有关札记18条。《〈反杜林论〉旧序。论辩证法》写于1878年，是为《反杜林论》一书初版写的一篇序言。在这篇文章中，恩格斯首先说明了写作《反杜林论》的目的和经过，之后论述了辩证法对自然科学理论研究的重要性，指出自然科学家需要理论思维，哲学家也需要懂得自然科学，二者是“相互补偿”的。历史上存在着古希腊的辩证思维和德国古典哲学的辩证思

维，它们都对近代自然科学产生影响，强调理论自然科学必须要从形而上学的思维复归到辩证思维。《神灵世界中的自然科学》写于1878年年初，主要论述了科学信仰和科学理性问题，在批判唯灵论和经验主义的基础上，用具体的事例说明自然科学家在蔑视辩证法之后，陷入了神秘主义的困境。在后面札记中，恩格斯通过对毕希纳等人的庸俗唯物主义、汤姆生等人的经验主义和海克尔的机械论的批判，反复强调了自然科学与哲学的关系。

3. 辩证法作为科学

这一部分，恩格斯根据当时自然科学的材料论证了辩证法的基本规律和几对重要范畴，内容包括论文《辩证法》和45条札记片段。《辩证法》一文写于1879年。从写作《自然辩证法》的总计划草案和开头几段看出，恩格斯是想要根据自然科学材料系统地说明唯物辩证法的一般性质和三条基本规律。但论文没有写完，只论述了唯物辩证法的一般性质和质量互变规律两部分。在札记中论述了认识论和辩证逻辑中的若干重大问题，包括因果性的实践检验、认识的界限、概念的辩证本性、判断的辩证分类、假说的作用、归纳和演绎的辩证关系等，也叙述了对立的相互渗透规律，提到了同一和差异、必然性和偶然性、原因和结果，这些都是对立统一规律的具体表现和补充。

4. 物质的运动形式以及各门科学的联系

这一部分包括札记 8 条，主要论述了科学分类的原则只有一个，即物质运动基本形式以及各门自然科学发展的内在关系。根据这一原则，恩格斯分别讨论了力学、物理学、化学、生物学等各门科学的内涵，形成了自然界从低级运动形式向高级运动形式运动的科学分类。还批判了将一切运动形式归结为机械运动形式的机械论。

5. 各门科学的辩证内容

这一部分包括局部计划草案、《运动的基本形式》《运动的量度——功》《热》《电》等论文以及有关的札记片段 103 条。《运动的基本形式》写于 1880—1881 年间，主要是针对当时机械论的观点所做的分析和批判，同时阐述了辩证唯物主义的运动观。主要内容包括系统地论述了马克思主义运动观的基本原理，认为运动是物质存在的形式，运动是物质的固有属性，指出物质运动形式多样性，但有同一性，并批判了在对能的认识中的错误观点。

恩格斯在研究运动基本形式的基础上，写了《功》《热》等论文，使马克思主义自然观同自然科学的实际发展密切关联在一起，丰富了其内涵。这部分札记片段恩格斯主要是从天文学、地质地理学、力学、物理学、化学等方面做了大量的笔记，探讨无机界的物质运动形式，也为讨论从无机界运动形式向有机界和生命运动形式过渡提供素材。

6. 自然界和社会

这一部分主要是论文《劳动在从猿到人的转变中的作用》，这篇论文写于1876年，在《自然辩证法》中占有重要地位。全文讨论了三个问题，一是劳动在人类起源中的决定性作用，说明猿是怎样变成人的；二是深刻地说明了劳动工具的发明和制造在形成人的体形和形成人类社会的过程中所起的头等和决定性作用，点出了人与动物的本质区别；三是人怎样才能成为自然世界的真正主人。尽管人具有支配自然世界的能力，但人在变革和支配自然的过程中，必须尊重自然规律，要按照自然的客观存在和辩证运动规律办事，否则，就会受到自然的惩罚。

三、研究范式

（一）西方学者的研究范式

1. 西方否定自然辩证法范式

西方学者从 20 世纪 30 年代开始，就注意到恩格斯的自然辩证法与马克思辩证法的区别，但他们大都以否定的态度质疑恩格斯的自然辩证法。

早在 20 世纪初，埃尔文·班较早地指出，恩格斯的思想具有实证主义和自然主义色彩。[①]20 世纪 30 年代，卢卡奇的《历史与阶级意识》就强调主客体关系，认为辩证法只在社会历史领域，否定恩格斯的自然辩证法。胡克批评更甚，认为恩格斯将马克思批判的历史理论解释为粗陋的唯物主义。[②] 在以后的发展中，批判恩格斯的自然辩证法就成为西方学者的主要理论路向。尤其是在 20 世纪中叶之后，西方学者以批判斯大林僵化的哲学体系原理为由，进

---

① Helena Sheehan, "Marxism and the Philosophy of Science:A Critical History-The Fires Hundred Years" , *New Jersey: Humanities Press*,1993, p53.

② Sidney Hook, "Towards the Understanding of Karl Marx: A Revolutionary Interpretation" , *New York: the John Day Company*, 1933,pp25-30.

而追溯到恩格斯关于辩证法的解读，人为地夸大恩格斯自然辩证法与马克思辩证法的差异。西方马克思主义各种流派从各个角度责难《自然辩证法》这部著作。存在主义马克思主义学派萨特、梅洛庞蒂等人，则认为恩格斯把辩证法放进了自然，把人这个最重要的要素丢掉了；新实证主义学派德拉·沃尔佩和科莱蒂等人，认为恩格斯的辩证法是抄袭黑格尔而对其予以否定。这些学者所揭示的马克思与恩格斯辩证法的差异，被20世纪70年代“西方马克思学”的学者演化为“马恩对立”的范式。

英国历史学家利希特海姆在《马克思主义：历史和批判的研究》中把恩格斯描述为技术决定论和实证论，认为是恩格斯将马克思历史学说变成了铁的规律，马克思以革命实践为中心的理论与恩格斯的因果科学论完全相反[①]，罗伯特·塔克尔的《卡尔·马克思的哲学和神话》中指责恩格斯晚年著作提出了一种没有人类历史的辩证唯物主义概念[②]。这

① Lichtheim,G., “Marxism: A Historical and Critical Study” , *New York: Praeger Publishers, Inc.*, 1965,pp59-61.

② Tucker, Robert C., “Philosophy and Myth in Karl Marx” , *Cambridge: Cambridge University Press*,1972,p23.

种人为制造的马恩对立论，经过伊林·费切尔、吕贝尔、赖维斯、科拉夫斯基等人的延续与渲染，到诺曼·莱文做了最系统、最为详尽的阐述，形成马克思是以人类活动为核心的人类中心论与恩格斯形而上学的机械决定论的完全对立，彻底割裂了马克思与恩格斯的联系。

“西方马克思学”过分夸大形成“马恩对立”的范式遭到了很多学者的质疑。到了20世纪80—90年代，西方学界出现了拒斥“对立论”，承认马克思与恩格斯存在思想的差异，结合解释学等方法重新看待“马克思—恩格斯问题”。英国学者特雷尔·卡弗就认为马恩问题是“一个阐释的问题”[①]，即恩格斯对马克思主义哲学的理解方式是辩证唯物主义理解方式，是具有他自己独特性的解释方式，正视二者的差别才能客观地评价恩格斯对于辩证法的贡献。还有一些学者从马克思、恩格斯各自理论的内在张力具有一致性入手，试图消融马克思与恩格斯的对立，代表学者主要是美国学者阿尔温·古德纳尔、亨利、利各比。他们看来要走出对立论的

① Stegeer, Manfred B. and Carver, Terrell, eds, “Engels after Marx” , *University Park, PA: Pennsylvania State University*, 1999, p17.

困境，需要转变马克思和恩格斯著作的解读方式，正确对待解释者的解释，从现实需要出发来研究马克思和恩格斯。

可以说，西方学者对待恩格斯的《自然辩证法》从一开始就意识到恩格斯与马克思的差异，虽然出现了“马恩对立”这种极端的研究范式，但他们不拘泥于正统马克思主义对辩证法的解释，立足于挖掘马克思自身思想的独特性，这种研究思路对于我国20世纪80年代开始走出苏联教科书解读模式起到了很大的影响，国内一些学者正是受西方学者的启发[①]，开始正视马克思与恩格斯思想的差异，以一种更加严谨的学术态度推动我国马克思主义理论的研究。

2. 人与自然的关系建构马克思主义的生态哲学范式

20世纪60年代以后所产生的生态马克思主义学派，在批判资本主义的过程中，尝试挖掘马克思

---

① 孙承叔就指出，西方马克思主义在辩证法问题上虽然有一定的缺点，但总体而言，是全面深化了历史辩证法的研究。详细内容参见：孙承叔：《是自然辩证法还是历史辩证法——西方马克思主义的辩证法论析》，载《学习与探索》2012年第1期。

主义的生态思想，因此不再局限于马克思恩格斯思想的对立以及辩证法的区别，而是从二者有关人与自然和社会关系出发，重视生态环境思想在马克思恩格斯著作中的重要地位，尤其是恩格斯自然辩证法中包含着很多生态学的真知灼见，代表人物有约翰·B. 福斯特、戴维·佩珀等人。21 世纪所兴起的有机马克思主义学派，充分肯定自然辩证法的意义，并做了大量的运用和分析，形成新的研究趋向。

这也引起了国内学者对马克思主义生态文明思想的关注，开始探究经典著作所蕴含着的自然的本质、人在自然界中的地位、人受自然的制约以及自然的人化和人的自然化等相关内容。

（二）苏联学者的研究范式

1925 年《自然辩证法》在苏联出版之后，苏联知识分子就对自然界是否是辩证运动，形成了机械论与辩证论的论战，最后以德波林代表的辩证论取得胜利，开始形成以“物质”为理论起点的本体论辩证法。德波林的《辩证唯物主义纲要》和《辩证法与自然科学》中强调唯物辩证法是关于运动的普遍规律的抽象的科学，自然辩证法研究的是包括数学、力学、生物学等不同等级的自然界，辩证法在自然界中的运用就是辩证唯物主义。之后的苏联学者以德波林的辩证唯物主义和布哈林的历史唯物主义确立为马克思主义哲学一分为二的结构，并将其体系化，作为指导苏联各项事业的基本思想，20 世纪 30 年代关于自然辩证法的研究，主要是内含于辩证唯物主义中，面对西方学者关于自然辩证法客观性问题的责难上，苏联学者都是对自然科学成果进行哲学解释，为辩证唯物主义原理提供自然科学证明，来强调自然辩证法的科学性，维护马克思主义哲学的客观性与真理性。

以哲学思辨来代替科学论证的方式，体系化的马克思主义“国家哲学”在 20 世纪 60 年代遭到了一批苏联学者的批判，主要代表人物有伊利因科夫、季诺维也夫、科普宁以及凯德洛夫，他们主张从科学的具体图景出发，反对将整个世界看作哲学的研究对象，认为自然界的各种图景是辩证法在具体实践中自己去创立各个领域中的范畴体系，不是用质量互变规律、对立统一规律等辩证法一般范畴解释自然界的特点。推动苏联哲学从物质论的本体论范式向认识论转变，这一时期苏联学者将辩证法看作一种普遍的科学思维方法。在这种研究范式的转变下，出现了凯德洛夫对《自然辩证法》新的解读模式，即认为恩格斯并不是想用自然界的实例来写辩证法的教科书，而是运用“从抽象上升到具体”的方法来考察自然界的辩证发展，这与马克思撰写《资本论》的辨证方法相一致，实际揭示了自然界的辩证发展过程如何达到社会历史领域的辩证法。凯德洛夫的解读想要说明的是辩证法如何作为一种普遍的思维方法在自然界和社会历史的运用，这是对之前教科书模式的一种突破。

在回应西方学者所制造的“马恩对立”观点，苏联学者站在维护马克思主义科学体系的完整性，强调恩格斯在马克思主义哲学体系的重要地位，相继出版了锡特科夫斯基的《马克思和恩格斯是辩证唯物主义的创造者》，亚历山大罗夫的《马克思和恩格斯的哲学观点的形成》，伊利切夫主编的《弗里德里希·恩格斯》以及《恩格斯的〈反杜林〉与现时代》等著作，认为恩格斯的著作里对马克思主义的最重要原理最先做了系统的阐述，最先运用唯物辩证法来认识自然界的规律，研究概括自然科学最新材料时，完善了马克思主义的自然观，对唯物辩证法有突出贡献。苏联教科书的本体论解读范式，将自然辩证法看作辩证唯物主义原理在自然界的一种运用，主要研究自然科学中的哲学问题，形成了“正统的教科书范式”，成为西方学者以此为契机制造马恩对立论的主要原因，但20世纪60年代对自然科学的反思，实际上是本国学者率先从科学技术领域进行范式转换的一种尝试，开始对马克思主义重新评价，以理性的态度对唯物史观和辩证法批判地继承，是带有一定普遍性的理论自觉。

（三）日本学者具体化的研究范式

日本学者对于该著作的研究一开始也是深受苏联20世纪30年代有关辩证法论证影响的问题域，但经过广泛的学习争论，他们并没有满足于文献学的考据，而是紧紧联系当代自然科学的成就，探讨自然辩证法研究的对象、内容和规律等基本理论，形成自然辩证法研究的具体化范式。

虽然日本学界曾一度出现以唯物史观代替自然辩证法的倾向，但随着对自然科学的重视度的加深，探究自然辩证法的具体化意义成为日本学界的研究特点。最早提出自然辩证法具体化问题的是冈邦雄在《唯研消息》第4号上发表的《自然辩证法研究的新途径》。他认为恩格斯的《自然辩证法》既包含对自然辩证法的逻辑分析，也有对于近代自然科学发展的再现和具体的技术史事实。因此冈邦雄将自然辩证法研究推进到包括科学史和技术史在内的领域，不仅大大地拓展了自然辩证法的研究内容，更重要的是摆脱了苏联研究范式的局限性，为本国自然辩证法研究工作奠定了扎实的、具有日本特色的基础。之后日本学者发表了有关自然辩证法方面的综合性论著，例如广岛靖晃的《为了使自然辩证法具体化》，加济令二的《关于自然辩证法》，吉田敛、石原辰郎、冈邦雄的《自然辩证法》等，都展现出日本学者为推进具体化研究所做出的努力。

还有一些日本学者将自然辩证法研究与具体科学特别是科学技术史相结合，取得了颇为显著的成就。比如物理学家武谷三男结合物理学史提出的“三阶段论”，这个基于自然辩证法研究所得出的人们认识自然的方法论，对于后期日本科学家汤川提出的介子理论，坂田昌一提出的二介子论、混合场理论、基本粒子的复合模型，都有着重要意义。此外，在推进《自然辩证法》基本理论与历史的结合上，日本学者也侧重吸取自然科学的最新成果来探讨人类自然观的发展。主要代表人物有岩琦允胤和宫原将平，他们合作编著的《现代自然科学和唯物辩证法》一书中跋就明确指出：“该书的核心是继承了《自然辩证法》的精华，这种继承性决不是简单地停留在对恩格斯遗产的解释和训诂上的，而是致力于力求将恩格斯的自然辩证法的基本观点，结合现代自然科学所取得的成果做发展性阐述。”①宫原将平更是在他撰写的《与恩格斯虚拟会见记——围绕自然辩证法的对话》一文中，指出“从自然科学的现阶段来看，《自然辩证法》可以说有不少地方应该重新订正。例如，关于热学中的‘热’概念的解释是相当不充分的，对于克劳修斯的工作也存在着误解……关于像《运动的基本形式》《运动的量度——功》等论文和关于数学、天文学、力学等的一些札记，也是难以理解的。但《自然辩证法》即使存在越来越多的锤炼之处，也不会陈旧”②。正是

① 转引《自然辩证法百科全书》，于光远等主编，有关“《自然辩证法》原著研究”词条，中国大百科全书出版社 1994 年版，第 430 页。

② 宫原将平：《与恩格斯的虚拟会见记——围绕自然辩证法的对话》，载《科学与哲学》1980 年第 3 期。转引自黄顺基、周济主编《自然辩证法发展史》，中国人民大学出版社 1988 年版，第 444—445 页。

基于从本国自然科学发展中不断推进自然辩证法的研究，日本学者在有关自然辩证法基本理论以及文本历史研究方面，提出了一些独到的见解。

与苏联学者存在本体论向认识论转变的过程不同的是，日本学者从一开始就侧重于将自然辩证作为科学理论思维方法的辩证法，将其看作科学认识论和科学逻辑，因此形成了具有本国特色的具体化研究范式。

（四）国内研究范式

我国早期的马克思主义者，如李大钊、陈独秀等一般都把马克思主义理解为一种社会历史理论，即唯物史观。从 20 世纪 20 年代起，以瞿秋白为代表的马克思主义者开始重视自然辩证法。瞿秋白认为，仅限于唯物史观和经济学说是不够的，必须从宇宙观的高度来把握马克思主义。“马克思主义是对于宇宙、自然界、人类社会之统一的观点统一的方法。何以马克思主义的宇宙观及社会观是统一的呢？因为它对于现实世界里的一切现象，都以‘现代的或互辩法（Dialectic）即第亚力克谛的唯物论观点去解释。这是马克思主义最根本的基础，就是所谓马克思主义的哲学。”[1] 随后瞿秋白出版了《社会哲学概论》和《社会科学概论》，谈及了生命的发展、物质和意识等问题，成为我国最早论述马克思主义科学观的论著。

20 世纪 30—40 年代，恩格斯《自然辩证法》译本开始在中国出现，自然辩证法作为马克思主义哲学的一个单独组成部分开始在中国传播和发展。早期知识分子开始重视该译本，涌现出了以艾思奇、廖庶谦、周建人等为代表的积极传播自然辩证法的先进分子，他们更多的是将朴素的辩证法同一般科学知识结合起来，有利于增强自然科学在普通民众中的可读性。因此自然辩证法此时在中国是以一些通俗化的“科学小品”“哲学讲话”“数学讲话”“读书问答”等形式，将古代的一些俗语典故与自然科学材料对应起来，来解释《自然辩证法》中的质量互变规律和对立统一规律。

中华人民共和国成立之后，国内对《自然辩证法》的研究已经不仅仅在于翻译与介绍阶段，而是走向了专业研究的阶段，并以 1956 年《自然

---

① 尹继佐、高瑞泉：《二十世纪中国社会科学》（哲学卷），上海人民出版社 2005 年版，第 270 页。

辩证法（数学和自然科学中的哲学问题）十二年（1956—1967）研究规划草案》出台为标志，也就意味着关于《自然辩证法》研究不仅是从马克思主义哲学角度研究该著作创作背景、历史地位等哲学问题，更是从该著作中的相关科学观点出发展开具体科学的研究。因此关于自然辩证法的研究不仅有哲学领域中回应西方学者马恩对立的探讨，也有自然科学领域中基于科学发展的进步而形成的具有中国特色的自然辩证法学派。

1. 自然科学领域中关于自然辩证法的研究范式

中华人民共和国成立到改革开放前，我国自然科学领域由于深受苏联影响，更多地结合自然科学成就说明《自然辩证法》中所蕴含着的辩证唯物主义物质观、运动观、时空观、因果观等，以唯物与唯心、辩证法与形而上学这样的分析框架渗透到《自然辩证法》研究中，基本形成以《自然辩证法》阐述的原理和方法来解释自然科学哲学，甚至一度成为政治需要，如将原著的一些观点结合现实需要，去批判一些新兴的自然科学研究成果。这一时期自然辩证法研究主要有以下特点：以马列经典著作学习、讨论和解释为主要活动内容，以自然辩证法相关思想指导科学；研究方法从马列主义原则或语录出发，形成典型的文献主义解说；拒绝与《自然辩证法》中科学事实不一致的西方科学界的成就，信息闭塞。

改革开放之后，一些学者如于光远、龚育之、查汝强、许良英等人为剥离自然辩证法研究所带有的教条主义与意识形态做出了很多努力，跳出就文献谈文献的狭隘科学观，结合自然科学的最新发展去研究自然科学哲学问题，重译《自然辩证法》以及重新评价并指出《自然辩证法》中的局限与不足[①]，就是破除之前形成的理论信条，推进自然辩证法向学术性研究范式转变，从五个方面拓展研究：自然科学哲学问题研究；信息论、控制论、系统论等综合学科的哲学研究；作为科学家的哲学家或哲人科学家的思想研究；科学史的哲学分析和科学思想史研究；传统的哲学问题如时空、物质、感觉等从科学和哲学角度进行了新的探索，形成了富有中

① 比如朱亚宗在《近代科学史论》中对恩格斯自然辩证法进行了重新评价，一方面肯定恩格斯的自然科学观，另一方面也指出自然辩证法所存在的理论缺陷，自然科学发展的生产决定论、黑格尔自然哲学的消极影响、机械唯物论等。详细内容参看朱亚宗:《近代科学史论》，湖南教育出版社 1988 年版，第 153—219 页。

国特色的有关科学技术哲学的学派。

可以看出中华人民共和国成立后，我国的自然辩证法研究基于《自然辩证法》的传统，结合国内外研究成果，有其自己的特色。从原来偏向于经典著作的自然观研究拓展为科学认识论与方法论层面的科学哲学以及科学技术思想史，使得自然辩证法从著作研究的哲学维度向科学技术哲学范式转变，从意识形态转向专业学科，从经典原则出发转向实证理性立论，逐渐形成自然辩证法科学群，发展成为一门内容丰富的综合性学科。

2. 哲学领域中自然辩证法的研究范式

就文本的哲学思想研究而言，我国马克思主义哲学体系曾一度受苏联教科书体系影响，认为历史唯物主义就是把辩证唯物主义原理进行推广，热衷于将自然科学出现的新理论与马克思基本原理进行有机嫁接。20 世纪 80 年代以来，随着西方马克思主义、“西方马克思学”理论的传入，我国马克思主义哲学解释范式也试图突破传统教科书框架。在回应西方学者所制造的马克思恩格斯辩证法的差异时，国内学者大多是站在马克思恩格斯思想一致的前提下来维护恩格斯的辩证法，存在四种不同的论证方式：

第一种，结合恩格斯的思想发展史，联系其与马克思的哲学思想的关系，来批判西方学者的阶级偏见与时代偏见。例如徐崇温的《保卫唯物辩证法》、余其铨的《恩格斯哲学与现时代——评“新马克思主义”对恩格斯的责难》、徐琳等人主编的《恩格斯与现时代——兼评西方马克思主义和“西方马克思学”》，这些著作更多地捍卫恩格斯对辩证唯物主义的贡献。这些著作因发表的时间较早，依旧带有意识形态的痕迹，近期出版的吴家华的《理解恩格斯：恩格斯晚年历史观研究》提供了一些新的解释思路，但总体是站在马克思主义哲学科学体系的完整性的角度来评价。

第二种，从人的实践活动出发，将恩格斯的自然辩证法与马克思的历史辩证法统一起来。比如张一兵的《马克思历史辩证法的主体向度》试图说明恩格斯存在着与马克思一致的人本学观点，自然辩证法所形成的是以人的实践结果为轴心的自然图景，在主体向度的逻辑上是一致的。这种论证方式更多的是建立在重新解读马克思的辩证法来寻求二者的一致。

第三种，文本学解读方式，试图剥离后人所加之恩格斯的身份与形象，力图从恩格斯所处的历史时代背景来分析恩格斯的理论。比如胡大平的《回到恩格斯》以分析思想家在特定活动下的创作活动来解读文本，试图将语境、作者和文本统一起来，充分汲取传统思想史叙事之外的外在史和内在史逻辑，形成一种较为新颖的解读范式。

第四种，从人与自然关系的角度强调马克思与恩格斯的生态文明思想。在受到西方生态马克思主义学派的思想影响，以及我国现代化进程中急需解决的环境问题，一些学者开始重视马克思与恩格斯生态自然观的研究，以此来为当前生态文明建设提供理论支持。比如燕芳敏的《现代化视域下的生态文明建设研究》中对马克思恩格斯生态思想进行概括，强调人与自然的统一性，进一步展开对资本主义生态危机的制度批判。国内也逐渐开始有研究《自然辩证法》中生态思想的硕士论文，从生态文明建设角度赋予了《自然辩证法》手稿以现实意义。

《自然辩证法》中所探讨的自然界的客观辩证法规律以及自然科学中的辩证思维方法问题，在我国学界实质上已经将研究领域泛化了，自然科学界更多地关注自然辩证法所涵盖的自然哲学、科学哲学、技术哲学等科学论述，而哲学界则更多地侧重马克思主义理论的阐释，试图走出传统对文本的解释模式，对自然辩证法与马克思辩证法的关系做出创新性的解读。

四、焦点问题

《自然辩证法》是恩格斯创作过程中一个长期但未完成的计划，关于手稿的排版也存在着争议。而苏联传统教科书是以自然辩证法的基本原理作为本体论研究，来解释自然界和人类社会，使得将马克思辩证法理解为自然辩证法具有天然的合法性。这种僵化的体系引起了西方学者的批判。他们从自然界辩证法的客观性出发，形成马克思历史辩证法与恩格斯自然辩证法的对立，以贬低自然辩证法为黑格尔唯心主义再现，来不断加剧渲染马克思恩格斯思想的对立。虽然现在学者更倾向于承认二者思想的差异，但如何看待马克思恩格斯辩证法的差异，马克思恩格斯与黑格尔辩证法的关系，客观评价自然辩证法在马克思主义哲学史上的地位，依然是值得探讨的。

（一）关于恩格斯《自然辩证法》文献学研究

几十年来由于学者对恩格斯的这些材料理解不同，编出了各种不同版本的《自然辩证法》。

1925年苏联首次出版了《自然辩证法》，即“梁赞诺夫版”。这个版本的特征是认为恩格斯的遗稿为未完成稿，按照原材料已经分成四束的方法整理，但是各个组成部分排列次序比较紊乱，俄译文和注释亦有不少错误。1935年苏联出版的《自然辩证法》，版本特征是论文放在前面，札记、片段则按年月顺序排在后面，这个版本在注释和材料编排方面比第一版有所改进，但还没有根本摆脱第一版的缺点。1941年苏联布鲁释林斯基编辑的《自然辩证法》采用了另一种编排方法，即米丁版，修正了梁赞诺夫的德文解读法，以恩格斯的两个计划草案为基础，重新整理遗稿，全部材料按问题也就是按内容观点编排，以完成稿的面目予以出版发行。这一版后来成为各种文字的各种版本的蓝本，德文版《马克思恩格斯全集》第20卷的《自然辩证法》也是按照这一版刊印的。从“梁赞诺夫版”的未完成稿到“米丁版”的完成稿，可以看出苏联学者试图建构马克思主义系统性的完整意图。

20世纪80年代，德国相林供堡大学一个多学科的研究小组，重新编辑恩格斯的《自然辩证法》，将其作为《马克思恩格斯全集》新国际版（简称《MEGA》）的第I部分第26卷。首先，新版在辨认手稿，保存原有的拼写方法和标点方法之外，还保留了恩格斯在原稿上的一切删改、补充和新的表述。其次，在以往经验和认识基础上丰富了《自然辩证法》的创造史，增添注释和各种索引。再次，严格按照材料写成的先后次序进行编排①，发表了197件文字资料，这版《自然辩证法》具有了新的面目。这个版本一开始就从恩格斯对毕希纳的抨击开始，在《毕希纳》一文中，恩格斯指出科学问题与工人运动的政治和思想任务息息相关，从这篇论战性的文章可以看出恩格斯写作自然哲学著作的构思和意图，特别是他竭力要对黑格尔的辩证法做出唯物主义解释的想法。《毕希纳》之后是一些札记，这些札记的基本精神和恩格斯1873年5月30日致马克思的信相一致。一直到1876年恩格斯才起草

① 俞长彬:《国外正在重新编辑恩格斯的〈自然辩证法〉》，载《哲学研究》1982年第1期。

包括《导言》在内的重要论文。这样作为概述性的《导言》和两个《计划草案》的位置就放在了札记之后。这个版本同时还采取了按手稿内容分类编排的方式，以恩格斯拟定的写作计划为基本依据。我国新译本则根据历史考证版按内容编排的方式，结合恩格斯的写作过程和计划草案，重新整理出版。

苏联学者凯德洛夫曾对1935年苏联出版的，将论文、札记分开编排的版本提出异议，按照他的理解，现行版本把论文和札记机械地分成两大部分，没有完全按照主题的逻辑联系来编排，甚至有些片段的排列顺序同恩格斯原来的构思相抵触，他提出要按照从抽象上升到具体的辩证方法，来编排恩格斯的手稿。凯德洛夫认为重新编排的《自然辩证法》文选本，主要分为三篇[①]：第一篇，“自然科学的辩证法”，即从各个部门的逻辑的和历史的相互联系中看，是提出一般方法论；第二篇，“自然科学各部门的辩证法”，各部门之间的联系在于如何实现从一门科学到另一门科学的过渡，同时探索每一门科学的辩证内容，辩证法的原则和范畴是理

① ［苏］勃·凯德洛夫：《论恩格斯〈自然辩证法〉》，殷登祥等译，生活·读书·新知三联书店1980年版，第158—178页。

论分析的工具，不是把实际自然科学材料当成解释性的例子，反对“原理 + 例子”的编排；第三篇，“自然科学中的反辩证法。向历史的过渡”，这就是要揭示出社会科学和自然科学之间的衔接。

《自然辩证法》在日本的第一个译本出现在1929年，译者加藤、加古根据1925年莫斯科版本，进行材料编排。日本战前另一个有影响的译本出现在1930年。它不是独立的译本，而是作为《马克思恩格斯全集》第14卷的一部分发表出来的，译者是有泽广己。标题没有采用“自然辩证法”，而是像1927年德文版那样，称之为《辩证法与自然》。材料的编排大体上遵循1927年的版本。遗憾的是，在这个译本中删掉了梁赞诺夫写的一篇解说（这篇解说提供了不少与《自然辩证法》的出版有关的重要情节）。这个译本在战后经过若干订正以后，曾由黄土社再版发行。第三个日译本出现在1949年，原光雄译，依然按照1927年的文本改译，但原光雄没有采用《辩证法与自然》这个标题，而是按恩格斯本人的原意，称之为《自然辩证法》，书前附有梁赞诺夫的解说，并完全删掉了原光雄认为是画蛇添足的第四部分，补入了恩格斯关于肖莱马的一篇文章。第四个日译本出现在1953年，这是一个比较常见的译本。译者是菅原仰和寺泽恒信，由大月书店分为两册出版。1953年出版的是第一册，1954年出版了第二册。这两册一并收录于《国民文库》。这个译本是以1948年出版的马克思恩格斯列宁研究院的译本为基础，并由西见二昭按1952年的德文版本进行了校订。材料的排列次序与1941年的俄译本相同，书中也收录了关于肖莱马的文章。在两册的末尾都附有较详细的注释。在第一册的最后有国民文库编委会的一篇解说。第五个日译本是田边振太郎译的《自然的辩证法》，分为上下两册于1956年、1957年陆续由岩波书店出版，并纳入岩波文库。引人注意的是，田边这个译本的标题不是《自然辩证法》，而是《自然的辩证法》。我们知道，过去杜林曾把自己的哲学称作“自然的辩证法”，与此对立，恩格斯则采用了“自然辩证法”这一复合名词。虽然在日文中田边译法来自德文，与杜林采用的名称还是略有不同，但这两个译名在中文当中是难以区别的。而田边之所以将恩格斯的著作译为《自然的辩证法》，跟当时日本哲学界关于自然辩证法和历史唯物论争论有关。

在20世纪30年代初，日本的马克思主义理论家当中就有两派观点：一派观点认为，自然辩证法的基础是人类对自然界的认识，是社会实践，因此它的核心是历史唯物论；另一派则是强调自然辩证法是与人的活动无关的自然界本身的辩证运动，是没有阶级性的。田边振太郎在自己的一本论文集《唯物辩证法的研究》（三一书房，1958年）中指出，他的所谓“自然的辩证法”，是指作为自然界一般运动规律的辩证法。他认为，唯物辩证法首先必须承认自然界是按辩证法的规律运动的，因此它的基础是“自然的辩证法”。由此可见，田边在这里虽然没有明确地倾向于后一种意见，却有意地暗示了自己同前一种意见的区别。

在我国，《自然辩证法》的中译本前后有五个版本。第一个版本是上海神州国光社于1932年8月出版，译者杜畏之根据1925年德、俄译本译出的。第二个版本是北京三联书店于1950年9月出版，译者郑易里根据1935年的俄译本和1930年日译本译出的。第三个版本是人民出版社于1955年2月，译者于光远、曹葆华、谢宁根据1935年出版的《马克思恩格斯全集》的德文版和1953年的俄文版译出的。第四个版本是人民出版社于1971年3月出版，根据《马克思恩格斯全集》第二版德文版第20卷译出的。第五个版本是1984年人民出版社重校出版的，对过去版本进行重新编排，首次采取把所有材料（包括论文和札记片段）统一按主题进行编排的原则，补充了过去漏收的札记，附录了马克思、恩格斯关于此著作的论述，增加了更多的注释。实际是借鉴了凯德洛夫的构想，侧重于从探索恩格斯思想的产生以及原始构想出发，来进行编排，这一版本可以看作20世纪80年代我国学者试图突破政治时代教条主义的成果。

2014年出版了《自然辩证法》的最新译本，以1985年出版的《马克思恩格斯全集》历史考证版（MEGA2）为依据，用两种方式编排，一种是按手稿写作时间顺序编排，一种是按手稿内容分类编排，这一编排方式以恩格斯拟定的写作计划为基本依据。新译本增收7篇关于数学、物理学和化学的一些计算公式及一篇关于德国化学家菲·泡利批评用劳动时间来计算某物价值的札记。而且还附有按手稿写作顺序编排的《〈自然辩证法〉细目》和按内容编排的《〈自然辩证法〉细目》以及四束手稿内容索引。这是历史考证研究所取得的最新成果。

可以看出，这些文本主要是以两种方式来排列恩格斯的原文本，一种是“执笔年代顺序”，另一种是根据内容的“系统性排列”。学者们一致反对将论文和札记分开编排的排版顺序，更倾向于按内容主题编排，对主题的不同理解形成了不同的排版，这背后蕴含着如何理解辩证法与自然科学之间的联系的问题。

（二）关于恩格斯写作意图以及自然辩证法在马克思主义哲学中的地位

恩格斯在《反杜林论》1885 年的序言中曾经做了一个明确的说明：“马克思和我，可以说是唯一把自觉的辩证法从德国唯心主义哲学中拯救出来并运用于唯物主义的自然观和历史观的人。可是要确立辩证的同时又是唯物主义的自然观，需要具备数学和自然科学的知识。马克思是精通数学的，可是对于自然科学，我们只能做零星的、时停时续的、片段的研究。因此，当我退出商界并移居伦敦，从而有时间进行研究的时候，我尽可能地使自己在数学和自然科学方面来一次彻底的——像李比希所说的——‘脱毛’，八年当中，我把大部分时间用在这上面。”[①] 从恩格斯写作意图来看，恩格斯是要对自然科学做出一个辩证解释。因此苏联学者从马克思主义哲学体系的完整性出发，认为恩格斯《自然辩证法》的创立过程是为了将唯物辩证法运用到自然科学研究，从而为历史唯物主义提供辩证唯物主义自然观的前提。

可是恩格斯是出于何种原因转向对自然科学的辩证解释呢？如果根据手稿写作顺序来看，《自然辩证法》是从《毕希纳》开始，这是一部较大的、没有完成的抨击性著作的计划草稿，主要针对路德维希·毕希纳的《人及其过去、现在和未来在自然界中的地位》一书中用进化论套用在社会的思想。恩格斯之所以进行反驳，主要是针对毕希纳对古典哲学，尤其是黑格尔哲学的反对。对黑格尔辩证法的不理解，是 19 世纪下半叶德国思想界的典型现象，这种情况在自然科学家中也普遍存在。因此恩格斯在与毕希纳的争论中，研究了后者在 1858 年关于黑格尔辩证法在自然科学中的作用。按照这个计划，恩格斯“确定了写作《自然辩证法》的基本

① 《马克思恩格斯文集》第 9 卷，人民出版社 2009 年版，第 13 页。

哲学史出发点……这部著作应当标明，摆脱了神秘主义的辩证法将成为自然科学的绝对必要，只要自然科学抛弃满足于固定不变范畴的领域”[①]。这样自然辩证法的写作就与对黑格尔的态度密切相关，因此西方学者就会从恩格斯与黑格尔的关系出发，认为恩格斯是想要超越黑格尔，重新形成哲学百科全书体系。比如施密特认为恩格斯是相对现代自然科学所提供的材料加以百科全书式的整理，这样势必就会对自然科学研究成果进行解释与叙述，并不涉及自然科学的方法本身。莱文则认为恩格斯在意识到黑格尔对自然全面解释已经过时的基础上，需要在最新科学资料的基础上重新探讨各种学科，因而才要提供一部辩证地构想的百科全书。

苏联学者凯德洛夫从《自然辩证法》与《资本论》的叙述方法出发，认为《自然辩证法》是类似于《前资本论》的一部著作，这一思想对我国学者影响较大，一些学者从《自然辩证法》与《资本论》的关系来看待《自然辩证法》的地位，比如

---

① 《恩格斯的〈自然辩证法〉的形成和发表过程——〈马克思恩格斯全集〉历史考证版第Ⅰ部分第26卷前言》，载杨金海编：《马克思主义研究资料》第13卷，中央编译出版社2015年版，第112页。

姜兴宏从《资本论》与《自然辩证法》的逻辑体系比较出发，认为两部著作虽然研究的对象（自然界规律和社会规律）存在差异，但在逻辑起点（最抽象的范畴）、范畴顺序（从抽象到具体）、范畴转化（矛盾）的机制上，都体现了逻辑学、认识论、辩证法的一致。展现了辩证法在自然界、人类社会到人类思维这个整体一般规律的运用。[①] 宗占林从马克思哲学基本内容的构成即《自然辩证法》集中体现辩证唯物主义自然观，《资本论》体现辩证唯物主义历史观，二者共同形成马克思主义世界观来说明《自然辩证法》与《资本论》的内容相关，并且认为恩格斯《自然辩证法》结束于劳动的出现，而劳动又是马克思建立《资本论》理论的基础和出发点，二者存在着逻辑衔接。[②] 大多也是沿袭苏联的解释，从思想史的角度认为这部著作丰富完善了辩证唯物主义自然观。

因此，一般认为恩格斯写作《自然辩证法》主

---

① 姜兴宏：《〈自然辩证法〉与〈资本论〉的逻辑体系比较——兼谈改革现行哲学体系的原则》，载《内蒙古师大学报》1985 年第 2 期。

② 宗占林：《论〈自然辩证法〉与〈资本论〉的关系》，载《理论探讨》1993 年第 5 期。

要有三个目的：第一，根据充分的自然科学的事实说明，自然界中辩证规律是客观的、普遍的存在，由此出发表达系统的科学自然观，帮助自然科学家从唯心主义、形而上学、经验主义束缚中解放出来；第二，要创作一部直接同马克思《资本论》相衔接的著作，不仅揭示自然界本身的辩证发展过程，而且要揭示出自然界辩证发展过程怎样有规律地超出自然界范围过渡到人类社会领域，说明辩证规律的普遍适用；第三，反击资产阶级在思想理论战线上的进攻。[①] 陈先达也指出，恩格斯的自然辩证法是马克思主义科学体系的一部分，唯物主义历史观建立在唯物主义的自然观之上，离开了自然辩证法以及唯物史观，就必然会导致马克思主义政治经济学和科学社会主义学说的颠覆，“自然辩证法问题并不是局限于对自然的理解，而是关系到整个马克思主义科学体系的科学性和完整性问题”[②]。

传统观点认为恩格斯写作《自然辩证法》是为

---

① 徐琳、高齐云：《马克思主义哲学史》第3卷，北京出版社1991年版，第219—220页。

② 陈先达：《陈先达文集——马克思和马克思主义》第3卷，中国人民大学出版社2006年版，第64页。

唯物史观提供自然科学的证明，侧重于在自然科学领域证明历史唯物主义的科学性，在一些学者看来这是过度阐释。

胡大平认为从《自然辩证法》出现之后的意义来说明恩格斯创造的意图，带有目的论的危险。从《自然辩证法》到《资本论》，马克思恩格斯提供了一个从无机界到人类社会到现代的完整图景，这正是我们的期待，却不是事实，凯德洛夫的解读恰恰是黑格尔体系哲学的愿景，是不切实际的解读。应该通过恩格斯研究自然问题的历史线索来再现自然问题在其思想形成和发展过程中的作用，才能解释自然辩证法的构思意图与其在马克思主义中的地位。他认为“自然辩证法作为一个旨在为唯物主义历史观科学性提供论证的计划是一个未完成的计划，不能以完成的定论指出创造出辩证唯物主义的自然观，事实上作为恩格斯叙述辩证法的载体，自然不是实体性自然界，而是作为‘生产’和‘消逝’规律体现着的自然界”①。自然辩证的意图是恩格斯试图以自然科学成果为科学社会主义辩护的一

① 胡大平：《回到恩格斯》，江苏人民出版社 2011 年，第 294 页。

次尝试。

持类似观点的学者还有范畅，他认为恩格斯并不是试图为自然科学研究提供一种哲学原则，“恩格斯的意图是让人们清楚意识到自然界的辩证运动规律，从而确立一种辩证的而且是未注意的自然观”[①]，恩格斯本身没有赋予它更多的内容。西方学者是针对恩格斯辩证法具有经验性和实证性的特点来加以批判，但事实上恩格斯并没有把辩证法限定于自然科学的方法，在恩格斯看来，辩证法有着自身的科学发展史，是一门关于思维的科学，这已经不再是黑格尔意义上的总体哲学，而是与各门科学融为一体的历史科学。因此恩格斯的任务在于把辩证法从黑格尔唯心主义哲学体系中解救出来，让人们重新认识到自然界的辩证性质。

（三）关于《自然辩证法》的性质问题

一般观点认为，自然辩证法是马克思主义哲学的重要组成部分，是关于自然界和科学技术发展的一般规律以及人类认识和改造自然的一般方法的科学。在性质上，自然辩证法虽是马克思主义哲学的

---

① 范畅:《究竟如何理解恩格斯的自然辩证法》，载《人文杂志》2011 年第 6 期。

一个重要组成部分，但它比马克思主义哲学更加具体一些，又比自然科学理论更抽象，可以视为马克思主义哲学与自然科学的中介，在哲学和自然科学之间起桥梁作用。但学者对于这样的描述依旧存在困惑，恩格斯写作《自然辩证法》这部书究竟是要写成什么性质的书？

恩格斯本人在自己著作中多次明确论述了辩证法是科学，比如在《自然辩证法》手稿的计划总草案中，强调“辩证法是关于普遍联系的科学”“思维的科学，和其他各门科学一样，是一种历史的科学，关于人的思维的历史发展的科学……”。恩格斯本人对辩证法科学性的论述，影响了后来正统马克思主义者对辩证法的认识。认为辩证法具有经验性和实证性，辩证的马克思主义世界观已经被自然科学和人类实践所证明，是严格意义上的经验科学和实证科学。拉法格、考茨基、普列汉诺夫、列宁等人就是从这个角度理解《自然辩证法》的性质，将其看作恩格斯为自然科学家们提供了唯物主义的原则，这一原则是经过科学证明具有实证性的。

西方自然科学界一直漠视甚至不承认恩格斯自然辩证法的科学价值，其中影响最大的是爱因斯坦。1924 年，伯恩斯坦将《自然辩证法》手稿问题交给爱因斯坦审读，爱因斯坦在回信中指出："要是这部手稿出自一位并非作为一个历史人物而引人注意的作者，那么我就不会建议把它付印，因为不论从当代物理学的观点来看，还是从物理学史方面来说，这部手稿的内容都没有特殊的趣味。可是，我可以这样设想：如果考虑到这部著作对于阐明恩格斯的思想的意义是一个有趣的文献，那是可以出版的。"[①] 甚至在 1940 年回复胡克的信中，爱因斯坦又强调："要是恩格斯本人能够看到，在这样长久的时间之后，他的这个谨慎的尝试竟被认为具有如此巨大的重要性，他会觉得好笑。"[②] 爱因斯坦更多的是从物理学发展的角度，认为恩格斯这部手稿就自然科学具体内容来说，是不太具有科学价值的，进而否认自然辩证法的科学性。爱因斯坦的评论成为攻击恩格斯的主要论证。

而在社会科学领域，西方马克思主义学者更多的是反对在将马克思主义实证化理解的基础上，来否认恩格斯自然辩证法的科学性。在卢卡奇看来，

①② 《爱因斯坦文集》第一卷，许良英等编译，商务印书馆 1976 年版，第 292 页正文及"注"。

经验论者总是在生活中找到一些他们看来至关重要的事实，将其视为一种自然科学的方法，这种非常科学的方法的不科学性就在于忽略了各种事实的历史性质，恩格斯自然辩证法的实证主义的辩证唯物主义方向，就是忽略社会历史和人类生活实践的资本主义意识形态方向，因此不能简单地称之为具有科学性的辩证法。

波兰学者科拉科夫斯基也指出恩格斯辩证法的实证化倾向，认为恩格斯把哲学不是看作对世界的纯粹思辨描述，就是看作一种理解高于自然科学所证实的现象之上的现象之间的普遍联系的尝试，“哲学似乎是关于最普遍的自然规律的科学，其结论从逻辑上来源于实证科学提供的线索，尽管没有任何一种实证科学曾阐述过这些结论”[①]。

西方学者否认恩格斯自然辩证法的科学性，很大程度来自正统马克思主义从经验实证的角度去论证恩格斯著作中的科学例子。从自然科学进步而言，恩格斯的著作自然会有历史的局限性；从社会科学角度而言，是将哲学作为理解自然科学的阐

---

① ［波兰］莱泽克·科拉科夫斯基:《马克思主义的主要流派》第1卷，唐少杰等译，黑龙江大学出版社2015年版，第387页。

释。在日本学者武谷三男看来，自然辩证法要成为科学必须是具体的，对现实进行分析之后才能论证其科学性。“自然界本身就是辩证的。努力具体地反映自然界的自然科学在某种程度上是被强制地反映了这个辩证法的。当然我们深刻地了解到，在这个充满着矛盾的社会里自觉地运用自然辩证法几乎是不可能的，但是朝着这个方向努力，应该是运用辩证法的主动态度”[①]。如果将自然辩证法的性质理解为要在自然科学专业领域做出重大科学发现的话，爱因斯坦的评论就是对的，就《自然辩证法》手稿而言，很难说在当时自然科学领域给出多少预见。

实证马克思主义者与西方学者更多的是从科学性对《自然辩证法》的性质产生了分歧，但却没有考虑到恩格斯在手稿中所展现的辩证法思维方式与近代自然科学变革的联系。我国学者苗东升通过对19世纪以来自然科学本身的发展史进行考察，认为恩格斯在《自然辩证法》中所描绘的现代自然科学的辩证图景，其目的不在于提供科学例证，而是揭

---

① ［日］武谷三男：《武谷三男物理学方法论论文集》，商务印书馆1975年版，第5页。

示了现代科学最深层次的走向——科学从形而上学向辩证思维“复归”。以往理论界认为这种复归在恩格斯时代已经完成，但实际上恩格斯是建立在对19世纪科学发展趋势分析上做出的论断，这种论断只能算作自然科学的兴起时期，20世纪自然科学的发展面貌实际上正是全方位向辩证思维复归的全盛时期。因此《自然辩证法》手稿的意义，就在于启发人们如何对20世纪自然科学的辉煌成就给予唯物辩证法的总结。这样的观点也得到后来西方一些科学家的认同，英国学者贝尔纳撰写的《恩格斯的自然辩证法》中指出恩格斯主要研究了五个问题，包括科学的历史，辩证法的历史，辩证法的主要法则，辩证法与科学的关系，数学、社会学及经济学等个别科学在内的整个科学的认识。从《自然辩证法》的自然哲学角度来说，辩证法给予科学思想以哲学基础，来与当时流行的经验主义相对抗。

（四）自然辩证法与历史唯物论的关系问题

自然辩证法在马克思主义发展史上是晚于历史唯物论出现的，关于二者是从属关系还是有所区别，这在日本学术界引发了争论。

在恩格斯的《自然辩证法》译为日文之前，日本学界曾出现片面强调唯物史观的意义，轻视甚至否定自然界的辩证法，更多地将唯物辩证法归为唯物史观的现象。比如1935年的冈邦雄就认为自然辩证法就是作为历史基础的历史辩证的认识方法在自然界的一种扩张和贯彻，在强调了唯物史观的重大意义的基础上，把自然辩证法置于从属的地位，甚至认为“在作为唯物论的马克思主义哲学之中，在其成立之初就已经包含着自然辩证法的萌芽，并成为它的基础。但与此同时，它也是历史的世界观。作为唯物辩证法的具体应用而提出自然辩证法，是在有了唯物史观之后。在这一事实的历史必然性之中，同时也有其逻辑必然性的理由。因此不能单是以偶然性来解释。如果说，在起初以萌芽状态包含在唯物辩证法的东西还不能称之为自然辩证法的话，那就犹如三木清曾提出的怀疑：即使没有自然辩证法，唯物史观也完全可以建立起来”[①]。总之，冈邦雄认为无论从历史发展还是逻辑角度来说，必须承认唯物史观先于自然辩证法，也就意味

① 冈邦雄:《自然辩证法与唯物史观》，1935年，转引自然辩证法研究资料编辑组编:《国外自然辩证法和科学哲学研究》，知识出版社1982年版，第92页。

着自然辩证法不过是唯物辩证法即历史唯物论在自然领域中的推广，日本学界将其概括为“唯物史观的逻辑主导说”。历史先后出现的顺序就意味着辩证法是唯物史观的一种附属吗？这实际上是将对自然规律的探究的科学方法置于哲学思辨中。

“二战”之后，日本学界针对“唯物史观先行说”的理论问题展开论战。原光雄认为将历史唯物论看作比自然辩证法更具有逻辑上的基础意义的东西，是一种本末倒置的观点，科学认识的历史发展顺序，同客观逻辑序列不一定一致。原光雄甚至援引了斯大林有关辩证唯物论的观点，对自然现象的看法，研究自然现象的方法就是自然辩证法，因此应当把自然辩证法看作辩证唯物论的基础和新核心，在逻辑上，自然辩证法应当先于历史唯物论。田边、田中吉六则对原光雄的观点给予反驳。田边认为，原光雄的错误在于对斯大林的“自然”一词做了歪曲的解释。他指出，对“自然”或“自然现象”有广义和狭义两种不同的理解。“自然辩证法”的所谓“自然”，是指有别于社会现象的“自然”，即狭义的“自然”。但是按唯物主义哲学的基本原理，应当承认，社会现象是物质进化的结果，在这个意义上，它也是自然史的一部分。马克思在他早期的手稿中已经谈到，历史本身也是自然史的，即自然向人类进化的现实部分。所以，从广义上理解的“自然”，应当是包括社会现象在内的“自然”。当斯大林用“推广”“应用”这样的词把“自然”和“历史”联系起来的时候，是在广义上用了“自然”这个词。因此，原光雄之所以否认“唯物史观的逻辑主导说”，是因为他混淆了关于“自然”的两种不同的含义。

尽管原光雄的观点还有所争议，但他的目的是区别唯物史观与自然辩证法，重新恢复自然辩证法的自身研究的独特性，这也影响了后来很多自然辩证法理论家，连最初持“唯物史观先行说”的冈邦雄也开始探究自然辩证法具体化范式，推动自然辩证法研究与具体科学相结合。

（五）自然辩证法的客观性问题

恩格斯的《自然辩证法》手稿一经出版，便在世界各国引起巨大反响，其著作体现出一种新的自然科学哲学原理。在自然科学研究和哲学研究中，学者出于不同的政治立场与哲学观点，对该著作展开了激烈的讨论，最重要的话题就是自然界是否存在辩证法。

1. 自然科学界的讨论

20 世纪 30 年代，苏联出现了以阿克雪里罗得、季米里亚捷夫、斯捷潘诺夫和萨拉比亚诺夫等人为代表的机械论同以德波林为代表的“辩证派”的讨论。机械论主张，自然界是机械的，把辩证法歪曲为机械的还原论和形而上学的均衡论，“所有高级运动形式统统归结为机械运动”[①]。机械论否定整个《自然辩证法》的基本原则，而坚持恩格斯批判过的把质“归结”为量，把高级运动形式“归结”为低级运动形式，把整体“归结”为它的各个部分的观念。辩证派德波林在其《辩证法与自然科学》中强调自然界机械运动是辩证发展形式之一，而不是唯一的最终形式，在一定程度上正确阐述了自然辩证法客观性的理论。

自然辩证法在我国的早期传播，也存在着由于阶级立场的不同所引发的争论。比如反马克思主义者陈范予在 1933 年发表的《辩证法与自然科学》中就强烈反对恩格斯将主观辩证法和客观辩证法统

① 孙慕天:《自然辩证法六十年（上）》，载《理论探讨》1988 年第 6 期。

一起来的原理，“如果我们不能在科学史料中证明辩证法，或它不能应用于自然科学，则不仅辩证法本身将归于消灭，或否定，就是马克思主义全部理论，亦将因此而动摇”[①]。这一理论遭到了共产党人白亦民的反驳，他在《辩证法与自然科学——评陈范予先生》一文中，根据自然科学理论阐述了辩证法规律就是自然界盛行的普遍的客观规律。

日本科学界对这一问题也展开了讨论。日本著名物理学家、科学史家和自然辩证法研究家冈邦雄于 1927 年发表文章认为唯物辩证法不适用于自然界及其自然科学，主张社会科学与自然科学应该有个界限，前者适用于辩证唯物论，后者则适用于认识论。本庄可宗也持类似观点，认为“恩格斯的自然辩证法里，并没有说唯物辩证法是‘自然科学’的方法，而好像是主张对于自然要采取新的要领和方法”[②]。他们的观点遭到了高桥庄吉、寺岛一夫的

① 陈范予:《辩证法与自然科学》，上海《大陆》月刊，1933 年 5 月和 6 月，载黄顺基、周济主编:《自然辩证法发展史》，中国人民大学出版社 1988 年版，第 302 页。

② 本庄可宗:《自然科学和阶级理论——论争的批判》，[日]《思想》1930 年 5 月号，载黄顺基、周济主编:《自然辩证法发展史》，中国人民大学出版社 1988 年版，第 316 页。

反驳，高桥庄吉、寺岛一夫指出辩证法是贯穿整个自然界的一般的运动原则，自然科学的法则是在其限制下的一种体现，自然辩证法是掌握自然的一种方法，并不是新的特殊的科学方法。[①] 当时的日本学界确实存在着“辩证法是从历史中抽象出来的，自然界本身不是辩证的”的思潮，也深刻影响了日本马克思主义哲学家卢坂润、物理学家武谷三男，他们都表示过辩证法在自然科学领域没有意义。[②] 这是深受当时苏联哲学的影响，日本自然科学家往往满足于抽象地议论自然辩证法在马克思主义哲学的地位，或者为恩格斯的《自然辩证法》收罗各种例证，似乎辩证法只适用于社会历史，对于自然科学则无能为力。但后来冈邦雄、卢坂润等人又纷纷转变思想，肯定自然界本身是辩证运动的，并且推动了自然辩证法与具体自然科学的结合。

总之，自然科学家结合自然科学的成就，基本肯定了自然辩证法的客观性，苏联学者凯德洛夫从

---

① 黄顺基、周济主编:《自然辩证法发展史》，中国人民大学出版社 1988 年版，第 316—317 页。

② 张富国:《自然辩证法在日本的早期传播和发展》，载《山东科技大学学报》2001 年第 3 卷第 4 期。

20世纪30年代初开始，从原子论、元素周期律等角度深入阐发了化学运动的客观辩证法，物理学家瓦维洛夫在《新物理学和辩证唯物主义》（1938年）等文章中，则根据基本粒子物理学的最新进展说明了物质结构的辩证性质。日本学者原光雄在和“唯物史观先行论者”田边振太郎的争论中，肯定了自然界先于社会历史，自然辩证法先于社会历史辩证法的“客观逻辑”。物理学家武谷三男也从物理运动的辩证本性出发，指出田边派脱离客观自然实在去构建辩证法所得到的只能是“空想辩证法”。但问题就在于作为辩证法的思维活动对于自然科学界是一种方法论的指导，还是一种哲学解释。承认自然界具有客观性，并以此为指导自然科学的方法论，就有利于推进自然科学的发展。

日本在关于自然辩证法的对象和内容研究上，紧紧与具体自然科学的发展相联系，不断深化和发展辩证唯物主义自然观。日本编撰的百科事典也肯定了这一方面：“一般地，物质的自然界的各种运动，从根本上说都是服从于辩证法规律的，这个规律性可称作自然辩证法……它是从自然界的历史中抽象出来的‘辩证法的最一般的规律’。”“在恩格斯遗稿《自然辩证法》中阐述的学说，它是从认识自然界的具体化了的辩证唯物论，同时也是自然界本身的辩证法，也就是自然界运动发展的一般规律。”[①] 但是如果将辩证法抽象为基本原理范畴体系，以本体论形式来解读自然科学界的现象，就会出现以哲学思辨来代替科学的情况。日本学界最先觉悟的是物理学家武谷三男。武谷抨击了当时日本的自然辩证法理论家“文献主义倾向”，只为搜罗例证来学习自然科学，没有使自然辩证法成为科学。他转向研究自然科学理论本身的发展逻辑，提出了著名的三阶段论，推动了自然辩证法与具体科学的结合，从物理学的新发展中，坂田昌一提出了“坂田模型”，确立了物质具有层次结构的思想，也就从客观上论证了自然辩证法在自然科学上的客观有效性。

20 世纪 30 年代末期，苏联出版《辩证唯物主义和历史唯物主义》教科书之后，苏联的马克思主义哲学体系被概括为两个主义（辩证唯物主义和历史唯物主义）、四大块（唯物论、辩证法、认识论

---

① 黄顺基、周济主编:《自然辩证法发展史》，中国人民大学出版社 1988 年版，第 447—448 页。

和历史观）；辩证法的基本内容被概括为“三大规律”（对立统一规律、质量互变规律、否定之否定规律），五对范畴（本质和现象、原因和结果、必然和偶然、可能和现实、形式和内容）。苏联的自然科学就侧重于应用辩证唯物主义原理对如相对论、量子力学、达尔文学说等进行哲学解释，在解释过程中进一步论证一些哲学范畴，如“物质”“因果性”“必然性”“本质”等。这种僵化的哲学解释自然科学的体系在20世纪60年代被打破。关于自然辩证法能否作为一门独立的哲学科学而存在，在苏联引起了争论。

以普拉托诺夫和鲁特凯维奇为代表的一些学者认为，自然辩证法是马克思主义哲学的特殊的、相对的、平等的分支，马克思主义是一个严整的观点体系，而知识分化的一般过程合乎规律地要触及哲学的分化，自然辩证法作为辩证唯物主义的核心，能够表明自然科学领域的哲学特征，研究自然规律在自然中表现的特点。①第二种观点完全反对自然辩证法作为一门独立的哲学科学，代表人物有

① 自然辩证法研究资料编辑组编：《国外自然辩证法和科学哲学研究》，知识出版社1982年版，第34页。

B.C. 格亮兹诺夫、A.K. 叶尔莫洛夫、A.M. 柯尔舒诺曼、尼基丁等人。他们合写的文章《自然科学哲学问题在马克思主义哲学结构中的地位》，坚决反对普拉托诺夫和鲁特凯维奇的观点，认为自然辩证法根本没有自己特有的研究对象，也没有特有的研究方法，就不能作为一门独特的哲学科学而存在。这一问题的讨论实质是反对用哲学态度来分析科学知识，是对 20 世纪 30 年代僵化的哲学解释自然科学体系的一种冲击。后来，以伊利因科夫、季诺维也夫、科普宁以及凯德洛夫为代表的科学家们不满足于自然科学发展服务于辩证唯物主义解释，力图推进辩证法从本体论向认识论转变。这些科学家认为"辩证唯物主义是一门具有统一的对象、方法和理论的统一的马克思主义哲学，而这并不否认哲学研究和教学工作中的专门化，唯物辩证法作为一种与以往哲学体系不一样的哲学方法，它并不绘制包括万象的世界图景"[①]。如今这样的图景要由各门科学本身以及它们之间的相互联系去绘制。但是，认识和实践活动的共同经验则是辩证法据以创立自己

---

① 李尚德编著:《20 世纪马克思主义哲学在苏联》，社会科学文献出版社 2009 年版，第 279—280 页。

的范畴的基础。人们通过范畴体系不仅能领悟认识和实践的结果，而且还能领悟认识和实践的任务，辩证法是一种普遍的科学认识方法。这样有关自然辩证法客观性问题实际就转变成以辩证法为科学认识的方法，来分析自然界的某一类现象。凯德洛夫对恩格斯《自然辩证法》的解读正是从这个角度入手，他反复强调："这部书不是挑选一些实例或小例子来说明辩证法的某一个原理（特征、原则、范畴、规律），而是把唯物辩证法作为一个完整的科学认识的方法。"①从而确立了恩格斯《自然辩证法》的科学方法论地位。

现代自然科学界的一些新发现也深化了验证了自然辩证法的客观性。比如日本学者坂田昌一提出有关基本粒子结构的符合模型，就是遵循了恩格斯关于分子、原子不过是物质分割的无穷系列中的各个"关节点"的观点，论证了物质无限可分性的思想。但同时随着相对论、量子力学、分子生物学等领域取得的成就，将自然界随机变化、偶然性的重大作用等呈现出来，在某种程度上刷新了人与自然

---

① ［苏］勃·凯德洛夫:《论恩格斯〈自然辩证法〉》，殷登祥等译，生活·读书·新知三联书店1980年版，第73页。

的关系，自然界对于人来说越发变得神秘莫测而又更加紧密地与人的行为相联系。现代系统论把过去以实体为中心的自然观，转变到以系统为中心的自然观；现代信息论将物质与运动的紧密联系，发展为信息、物质、能量三者之间的紧密联系。当代自然科学研究成果并不是否定恩格斯自然辩证法的合理性，而恰恰说明自然界正是在这种自我调节与自我组织、随机变化的过程中，形成和谐统一的有机整体，证明了规律的客观实在性和普遍性，以及真理的相对性与绝对性的对立统一性。

2. 西方哲学界的研究

西方学者更多的是反对把辩证法看作自然、历史和思维的普遍规律，反对将辩证法本体化，进而否定恩格斯的自然辩证法。

卢卡奇否定了恩格斯的自然辩证法，认为辩证法是主体与客体的相互作用，其革命的本质在于人通过自由自觉的实践活动对客体和对象进行改造，因此辩证法只适用于历史和社会领域，卢卡奇认为恩格斯辩证法的错误在于抽象地考察自然界并提出了关于自然界的“自然辩证法”，并没有看到自然和人的关系。自然的对象和形式内容都是受社会制约的，恩格斯受黑格尔泛逻辑主义的影响，使得他并没有意识到历史进程中最重要的是主体与客体之间的辩证法。马尔库塞也有类似的观点，认为恩格斯把辩证法作为一种一般的方法论的图式加以发展，“在这方面的第一步是由恩格斯在其《自然辩证法》中迈出的，当辩证法从一种批判思想方式变成一种具有僵硬的固定的规则和规定的普遍的‘世界观’和普遍的方法时，这种转变就比任何修正都更加彻底地毁坏了辩证法”[①]。

施密特对恩格斯的自然辩证法展开了严厉的批评，认为“恩格斯是借助辩证法的范畴，去解释以既成形态存在的现代自然科学的各种成果，是一种必然的、外乎事实的考察方法”[②]。而且施密特还认为自然科学方法是从形式逻辑上规定方向的，在不考虑历史的作用下，这就是一种非辩证法的。

萨特在其著作《辩证理性批判》的“教条的辩证法与批判的辩证法”中就认为恩格斯确立了关于自然的辩证法，只不过是使事实达到序列化，“当

① 徐崇温:《保卫唯物辩证法》，人民出版社 1980 年版，第 63 页。

② [德]A. 施密特:《马克思的自然概念》，欧力同等译，商务印书馆 1988 年版，第 46 页。

恩格斯谈到人体的扩展或循环时，他说的的确是事实本身——虽然这些事实可能随着科学的发展而经历根本性的变化。这一巨大的尝试，即允许世界做自我展示，而且并不向任何人展示，我们称之为外部的或者超验的辩证唯物主义……则是一种失败的尝试”。萨特认为自然是辩证的这种原理无法得到证实，只是被认为一种抽象的、普遍的自然规律，对人类历史没有任何启示意义，而且恩格斯所抽象出的自然界和人类社会普遍的三大规律，实际“是作为思维规律强加于自然界和历史的，而不是从它们当中抽引出来的”[①]。

胡克更为细致地剖析了恩格斯自然辩证法所包含的七层含义[②]：（1）辩证法是一切事物的一个构成原则——一种没有实际的或可以设想的例外的普遍的行动方式；（2）辩证法是转化和连续型的逻辑模型；（3）辩证法是各种情境——在这些情境中仅仅有而且只能有两种可能的选择——中的选言逻辑；

---

① ［法］萨特：《辩证理性批判》，林骧华等译，安徽文艺出版社1998年版，第164页。

② ［美］胡克：《理性、社会神化和民主》，徐崇温译，上海人民出版社2006年版，第160页。

（4）辩证法是两极对立的原则；（5）辩证法是只存在于概念的发展中的特殊的构成原则；（6）辩证法是认为一切事物都是有规则的相互联系着的构成的和有启发性的原则；（7）辩证法作为一种探索，首先近似于科学方法的逻辑。胡克认为恩格斯的辩证法在这七层含义当中是互不相容的，但恩格斯更强调辩证法的本体论规律，而作为普遍原则的三大规律既不是自然规律，也不是逻辑和精神的规律，只不过是科学公式。胡克认为辩证法应该被理解为一种科学的方法，这样才有利于形成清晰思维。这里胡克从主观逻辑出发来剖析自然辩证法的科学公式，进而否定客观世界中存在辩证法的客观性。

（六）马克思与恩格斯自然辩证法的关系

1. 马克思对自然辩证法的态度

西方学者抓住马克思在著作中并没有提到自然辩证法这点，普遍认为马克思并不赞同恩格斯的自然辩证法。

胡克认为马克思的辩证法是以人的活动为主体，在理想和现实的交互影响和相互作用中，产生新的题材，在历史的领域中辩证法的原则才是至关重要的，他认为“马克思本人从未谈到过一种自然辩证法，必须将这种辩证法应用于自然的企图加以排除”[①]。

莱文认为恩格斯的辩证唯物主义集中在自然的形而上学方面，“把辩证法运用到自然界的形式是非马克思式的”[②]，如果马克思按自己的思路做，会得出完全不同的结果。而且马克思自己并没有创立一套关于自然的哲学，在马克思自己的自然辩证法中，辩证法和他的科学哲学相联系，研究的是思想的力量和独立于思想的力量之间的交互作用，辩证法是个过程，以概念的框架去吸收自然界的物质性。但是恩格斯的自然辩证法则是将思想之外的领域看作按照辩证规律运转，使得他的唯物主义成为一个本体论体系，而且还是一个还原的体系。

卡弗认为马克思并不赞同恩格斯的自然辩证法，虽然恩格斯在《反杜林论》1885年的序言中，将马克思的名字排到了辩证唯物主义的第一前提的位置

---

① ［美］胡克：《对马克思辩证法的理解》，徐崇温译，载吴晓明编：《当代学者视野中的马克思主义哲学——西方学者卷下》，北京师范大学出版社2012年版，第39页。

② 诺曼·莱文：《辩证法内部的对话》，张翼星译，载吴晓明编：《当代学者视野中的马克思主义哲学——西方学者卷下》，北京师范大学出版社2012年版，第395页。

上，然而，“目前保存下来的马克思和恩格斯之间的通信不能支持恩格斯在《反杜林论》1885 年序言中所描绘的场景。马克思并没有讨论过恩格斯的辩证法规律，尽管马克思也曾催促恩格斯加紧工作，但他也从未有任何的言语可以用来证实，对于以自然科学为基础的、被理解为研究物质运动的普遍的唯物主义，他和恩格斯是共同的评论者。尽管马克思断言物质现实的存在，并以此作为他理论中的假设，但他从未以任何的方式表述他的结论是起源于或基于物质运动的规律，正因如此，辩证规律在马克思 1859 年《政治经济学批判》的序言中没有出现，在他的流行著作《工资、价格和利润》中没有出现，在他的伟大作品《资本论》和与此相关的手稿中，或者在他最后的理论兴趣——关于瓦格纳（德国政治经济学家）的评论中也没有出现过”①。

我国学者俞吾金也持有类似看法，他通过考据自然辩证法概念，指出恩格斯在晚年整理手稿时并没有给自己的手稿加上“自然辩证法”这一总标题，这个标题是 1925 年恩格斯手稿出版时，编者

---

① ［美］特雷尔·卡弗：《马克思与恩格斯：学术思想关系》，姜海波等译，中国人民大学出版社 2008 年版，第 119 页。

给加上去的。因此马克思并不赞同使用自然辩证法的概念，马克思与恩格斯在唯物主义概念理解上有差异，马克思主张的是在剥离黑格尔辩证法载体之后，代之以人类的实践活动为基础的社会历史辩证法，而不是恩格斯以抽象的与人的实践活动相分离的“自然界”。

一些学者则从马克思具体文本中寻找马克思对自然科学的重视，来否认马克思对自然辩证法的忽视。

美国学者 J.D. 亨勒认为马克思在自己的著作中多次进行与自然科学家的类比，他在《资本论》脚注中就提到“现代化学上应用的、最早由洛朗和热拉尔科学地阐明的分子说，正是以这个规律做基础的”[①]。亨勒认为马克思实际上是赞同一种既能应用到社会和经济变化的辩证法，也能应用到自然的辩证法。而且《资本论》第二版跋中也有这个“将辩证法应用到自然和历史的倾向”[②]。这就意味着马克

① 《马克思恩格斯全集》，第 44 卷，人民出版社 2001 年版，第 358 页。

② ［美］J.D. 亨勒：《马克思和恩格斯思想上的一致性》，载林进平主编：《马克思主义研究资料》第 24 卷，中央编译出版社 2015 年版，第 375—376 页。

思与恩格斯在对待辩证法的应用上是一致的。英国学者霍夫曼指出马克思还在写作他的早期著作的时候，也就是在他制定出关于社会的彻底的唯物主义理论之前，就已经表明：不对自然界和世界做辩证的理解就不可能辩证地理解人和社会。因此马克思从最初就留下了社会学家非常需要自然科学的印象，比如马克思在1843年的最初几周调查研究了莱茵省摩塞尔地区农民的经济困难后，强调了如实地、客观地研究各种关系的必要性，这就是自觉地将自然科学方法应用到社会科学领域中，特别是在马克思与恩格斯通信中，经常能看到马克思对自然科学表达了强烈的兴趣，在接到恩格斯有关自然科学辩证思想的信后，马克思并没有说恩格斯无批判地接受黑格尔机械论，而是以认真的态度去考察恩格斯的思考，提出了一些建议。这就意味着“自然辩证法决不是恩格斯的臆造，它是在与马克思密切合作并在他的完全支持下制定出来的”①。

我国学者徐琳、高齐云反驳马克思否定自然辩证法，认为马克思自己的著作中对自然界的物质统

---

① ［英］约翰·霍夫曼：《实践派理论和马克思主义》，周裕昶等译，社会科学文献出版社1988年版，第59页。

一性和自然过程的辩证性论述比较多，比如从《黑格尔法哲学批判》一书中论述自然界中磁的南极与北极的对立统一思想，《1844年经济学哲学手稿》中论述自然界的客观实在性和自然界物体之间的对立统一关系，《神圣家族》中指出运动是物质所固有的特性，等等，都可以看出马克思对自然辩证法的肯定，而他们在关于历史观和自然观统一的思想是完全一致的，论据就在于《德意志意识形态》中他们共同指出："历史可以从两方面来考察，可以把它划分为自然史和人类史。但这两方面是密切相连的，只要有人存在，自然史和人类史就彼此相互制约。"[①] 因此恩格斯的自然辩证法并不是主张脱离人的历史发展去研究自然界的发生史，要唯物主义地把握历史观和自然观的统一，"马克思和恩格斯是因分工的不同，为唯物史和历史观进行了分别的阐述"[②]。

查汝强更是从马克思不同时段所写的著作中，条分缕析地阐明马克思对辩证自然观的贡献，认为

① 《马克思恩格斯选集》第1卷，人民出版社1995年版，第66页。

② 徐琳、高齐云：《马克思主义哲学史》第三卷，北京出版社1991年版，第232—234页。

马克思虽然没有系统地写过专著，但都散见于作品之中，将这些思想结合起来，就形成全面完整的辩证自然观，涉及辩证自然观的两个侧面（自然界本身和人改自然界），辩证法三条基本规律在自然界的应用，以及19世纪自然科学的三大发现，等等，可以说“自然辩证法是马克思恩格斯二人密切合作中的共同创造”[①]。

王南湜进一步指出，在恩格斯与马克思合著的《德意志意识形态》中，二者共同批判了费尔巴哈关于纯粹自然即自在自然的观点，也就意味着两人初步的合作是建立在对自然观一致性的基础上，即反对那种把自然看成与人分离的立场。[②]在《政治经济学批判大纲》中，恩格斯就指出过，18世纪的“唯物主义不干预基督教轻视人类和侮辱人类的现象，它只是把自然当作一种绝对的东西来代替基督教的上帝并把它和人类对立起来”[③]。这说明在反对旧唯物主义的自在自然辩证法观点上，马克思和恩

① 查汝强：《马克思和自然辩证法》，载《自然辩证法通讯》1983年第4期。

② 王南湜：《辩证法：从理论逻辑到实践智慧》，武汉大学出版社2011年版，第69页。

③ 《马克思恩格斯全集》第1卷，人民出版社1956年版，第597页。

格斯是一致的。

2. 自然辩证法与历史辩证法

历史辩证法是把辩证法运用到对社会历史领域的认识中去，对历史地发展着的社会实践活动的辩证本性的说明，相较自然辩证法而言，历史辩证法对人类社会的研究优势明显，这种研究思路既有鲜明的本体论，也有方法论和价值论指向。因此西方学者往往是将历史辩证法归为马克思的哲学，来将其与恩格斯的自然辩证法对立，形成人道主义马克思与苏联教科书体系的恩格斯的对立。

卢卡奇首先就不同意恩格斯关于自然辩证法的提法，在他看来，辩证法的基础起源于历史，而非自然。“马克思主义就这样在历史本身中发现了辩证法。因此，辩证法不是被带到历史中去的，或是要依靠历史来揭示的（而黑格尔就常常这样做）。辩证法来自历史本身，是在历史的这个特定发展阶段的必然的表现形式，并被人们认识。”[①] 他认为恩格斯将历史发展的动因归结为人之外的自然，抹杀了辩证法的主体特征，不再具有革命性特征。

---

① ［匈］卢卡奇：《历史与阶级意识》，杜章智等译，商务印书馆 2014 年版，第 268 页。

施密特认为，“马克思那里自然和历史是紧密联系的，而恩格斯把二者看成是唯物辩证法的方法的两个不同的适用领域，把辩证法的各个要素从具体的历史内容中分离出来，完全紧缩成首先来自《自然辩证法》的三个与实在相对立的被实体化了的‘根本规律’，于是辩证法成为在马克思那里所绝没有的东西，即世界观、解释世界的积极原则”[①]。在施密特看来，马克思并不是在本体论意义上来理解客观实在，也就是无中介的客观主义的自然。马克思虽然也承认具有诸种规律和诸种运动形式的、不依赖于人的意识而存在的外部客观自然，但是马克思更强调的是客观自然成为为我之物，强调自然对于社会实践目的的重要意义。而恩格斯对“自然”的考察则建立于旧唯物主义基础之上，并从本体论和物理学的角度出发，抽象地考察自然，他只是摒弃了旧唯物主义认为自然界完全不变的思想，没有看到自然和人在历史实践中的联系，恩格斯强调的唯物主义的自然观，是对自然的天然朴素状态的考察，倒退成了素朴的实在论。恩格斯试图解释天然

---

① ［德］A. 施密特：《马克思的自然概念》，欧力同等译，商务印书馆 1988 年版，第 52 页。

自然和史前自然的纯粹的客观辩证法，这样的做法使辩证法和唯物主义互不相容。

萨特认为，恩格斯的辩证法成为先验的无须证明的自然根本规律，使得人的自然在人之外，是在以星云为起始的历史中，事实上，恩格斯是将历史和社会领域中的辩证理性，运用到自然领域中，使历史辩证法失去了合理性。事实上，自然界的辩证理性一定要在人类实践中，通过人类实践活动确立起来，唯物辩证法只有在人类历史内部确立起物质条件的优先地位，才有意义。“恩格斯的错处在于他认为能够通过非辩证的过程，从自然中获得他的辩证法则：比较、类比、抽象、归纳。实际上，辩证理性是一个总体，它必须自行建立，或者用辩证的方法建立起来。”①

与施密特、萨特认为自然辩证法需要有人的活动才有意义不同，胡克认为“自然辩证法”一词有很多含混不清的引证，有时候是指思维活动可以观察到的事实，有时又是指物理学相互作用的一种说明，这与马克思的辩证法是格格不入的，“马克

① ［法］保罗・萨特:《辩证理性批判》，林骧华等译，安徽文艺出版社 1998 年版，第 168 页。

思的辩证法概念是历史的，而且只限于考察下面这种人类活动的原因、本质和结果：这种活动破坏了一个两极性社会的均衡，并重新确定社会运动的方向。在最后这个意义上，辩证法是社会活动的原则，它的中介物是阶级斗争，它的矛头在阶级社会是社会革命。不论自然辩证法可能是什么东西，反正它不是阶级斗争的基础……它同任何社会问题的解决，全然地没有关系”[①]。莱文认为，马克思和恩格斯关于自然世界的观点都是实在论，但是恩格斯将他的实在论演变成为一种关于自然的哲学，也是一种科学。但是马克思致力于推究科学哲学，而非自然哲学。这样恩格斯在自然哲学的基础上创立了辩证唯物主义，马克思将辩证法限制在思想领域内。由于马克思的科学哲学就是辩证的，这就意味着他对自然界的看法是辩证的，这体现在马克思一方面用辩证法的观点看待自然界，另一方面又不认为自然界运动是辩证的。而恩格斯并没有达到马克思这个高度。

---

① ［美］悉尼·胡克：《对马克思辩证法的理解》，徐崇温译，载吴晓明编：《当代学者视野中的马克思主义哲学——西方学者卷下》，第40页。

西方马克思主义其他代表人物如列斐伏尔也不赞成自然辩证法的提法，他指出辩证法的革命性只能从历史的分析中得出，如果从自然界研究中获得，无法推断出辩证法批判的革命特征，“因为自然界并不存在一个永不满足于现状的主体”[①]。哈贝马斯在《理论与实践》中也认为：“在年轻的马克思看来，辩证法本质上是历史的，不依赖于社会运动的自然辩证法本来就不能予以考虑……自然只有与人相交涉才有历史，人只有和自然相交涉也才有历史”，辩证法“本质上只是历史的”，恩格斯使辩证法“既丧失了主体，也丧失了主体性”[②]。

西方马克思学另外一位代表人科拉科夫斯基认为，“恩格斯的辩证法可以概括为自然主义和反机械论，是反哲学与反形而上学的辩证，承认宇宙万物存在的多样性”[③]。恩格斯认为人类可以在自然中去把握自然史和进化规律，人是以一种宇宙或神的

---

① ［法］列斐伏尔：《马克思主义的当前问题》，李元明译，生活·读书·新知三联书店1966年版，第78页。

② Habermas, “Theory and Practice” , *London: Heinemann*,1974,p395.

③ ［波兰］莱泽克·科拉科夫斯基：《马克思主义的主要流派》，冯潇等译，载吴晓明编：《当代学者视野中的马克思主义哲学——西方学者卷下》，第369—371页。

姿态去看待自然，这样恩格斯的自然观是一种先验论。但是马克思的自然观认为自然是人类的延伸，自然是在我们的实践活动中得到把握，不存在一个现成的供我们思考和遵循其行事的自然。

美国学者埃德蒙·威尔逊则认为恩格斯努力证明统治自然界的是一种辩证过程，就算得到科学家们证明辩证法在物理、化学以及生物学领域各自运作的过程，但这种辩证法原理规律是不可能运用到其他领域的，就算它可以为社会变化的动力提供戏剧性的动力。“如果一旦运用到社会领域，辩证法就成了一种宗教神话，使得整个图景简单化，将社会的复杂性浓缩为支持者与反对者两个阵营，使人坚信反复斗争的胜利。”①

当然也有少部分学者认为自然辩证法和历史辩证法是统一的，比如国外生态马克思主义学者福斯特指出，恩格斯通过将自然视为具有自身自在法则的辩证关系统一体，赋予自然以哲学的维度，指出恩格斯引起批判的主要原因，在于人们将抽象化的

---

① ［美］埃德蒙·威尔逊：《辩证法的神话》，孙乐强译，载吴晓明编：《当代学者视野中的马克思主义哲学——西方学者卷下》，第64—70页。

自然辩证法教条与自然辩证法本身进行混淆，批判的应该是将自然辩证法抽象化的学者，而非恩格斯本人。在福斯特看来，恩格斯对自然界物种分析中就蕴含着体现生物和历史的辩证思维方法，这是一种“根植于偶然哲学的历史方法”，因此“无论是马克思还是恩格斯，都认为正如历史唯物主义与自然唯物主义不可分一样，社会辩证法与自然辩证法二者亦然不可分。必须以唯物主义的和辩证的观点看待社会和自然，因为他们已将辩证观引入一切客观存在”①。

面对西方学者所割裂的自然辩证法与社会辩证法，我国学者大都认为二者是统一的，只不过在一致性的论证上有所差异。

一些学者认为自然辩证法是历史辩证法的前提，历史辩证法是自然辩证法的外化和推论。这个观点主要来自苏联学者凯德洛夫的解释。凯德洛夫认为恩格斯的自然辩证法是自然向社会发展的逻辑。他要“揭示自然界的客观过程怎样有规律地越

① John Bellamy Foster, Brett Clark, Richard York, “The Ecological Rift: Capitalism’s War on the Earh”, *New York: Monthly Review Press*,2010,pp238-239.

出自然界本身的范围而达到人类社会历史领域的辩证法……《自然辩证法》通过自然的说明和分析的整个逻辑所导致的结果应当成为马克思的《资本论》和《政治经济学批判》的系统叙述所开始的东西”[①]。这一观点为很多学者所接受，比如徐琳、吴家华都认为恩格斯对自然辩证法的系统阐述和对认识辩证法原则的说明，是为了达到对社会历史的深刻把握，辩证法正是认识社会历史、认识无产阶级革命的锐利武器，恩格斯研究自然辩证法的目的，是证明辩证法的科学性以及应用在唯物史观中的重大意义。

不过凯德洛夫意图将自然辩证法和历史辩证法看成前后相继的两个环节，但却没有关注人类社会一旦产生，自然辩证法与历史辩证法之间存在着相互联系、相互制约、相互渗透和相互蕴含的辩证关系。我国学者安维复[②]就指出，凯德洛夫的观点本质上会消解人与自然的关系，人类社会的主体性被

---

① ［苏］勃·凯德洛夫:《论恩格斯〈自然辩证法〉》，殷登祥等译，生活·读书·新知三联书店 1980 年版，第 36 页。

② 安维复:《超越“凯德洛夫模式”：对〈自然辩证法〉的误解与再思》，载《自然辩证法研究》1991 年第 4 期。

自然界的客观必然性消解了。在安维复看来，自然辩证法包含自然界以及自然界向社会历史过渡的辩证法，包含自然科学以及自然科学向社会科学过渡的辩证法，重心在于人与自然之间关系的辩证法，在于自然观、科学观、历史观相统一的辩证法。

现在学者更倾向于将自然辩证法和历史辩证法统一在人的实践活动基础上。陈先达指出，在人与自然的关系上，无论是马克思还是恩格斯都非常重视实践的作用，但马克思并没有否认世界的客观实在性和自然界的优先地位，人类化的自然是无限世界的有限世界，会随着人类实践的深化而不断发展，但任何时候都会留下一个人类尚未实践的世界，“不能把马克思的哲学说成是以人为中心，以实践为半径，把人的实践范围之外的世界称之为无”[①]，马克思的自然观是既要从主体角度，也要从客体角度去考察，因此马克思的自然观是成为自然界客观性的自然观，与恩格斯是一致的。张一兵在回应西方学者所制造的恩格斯与人道主义倾向的马克思对立时历史，指出这种错误在于西方学者对历

① 陈先达:《陈先达文集——马克思和马克思主义》第 3 卷，中国人民大学出版社 2006 年版，第 64 页。

史唯物主义的误解，以为历史唯物主义是关于社会历史发展的客观性论证，在张一兵看来，恩格斯早期思想中存在着人本主义逻辑，但后来没有形成系统的人学观框架，虽然理论逻辑与马克思有所差异，但他们在总体方向和理论立点是一致的，恩格斯自然辩证法并不是西方学者曲解的机械自然观，而是建立在人类主体的历史的现实的具体实践基础上，造成一个“以人的实践作用和结果为轴心的人的自然图景。……坚持了与马克思实践的唯物主义相同的历史辩证法的主体向度的能动性逻辑”[①]。因此虽然马克思是从经济学批判话语，与恩格斯的科学社会主义的政治话语存在差异，但在历史辩证法主体向度的同一逻辑上，他们是一致的。孙亮指出研究自然辩证法的根本旨趣在于更好地发展和应用历史辩证法，“马克思主义哲学坚持的是，自然科学的发展始终以人和社会的发展为中心，历史的任何发展都离不开自然界的有机发展”[②]。二者统一在

① 张一兵：《马克思历史辩证法的主体向度》，南京大学出版社 2002 年版，第 294—296 页。

② 孙亮：《马克思主义哲学研究范式——一种批判性建构》，知识产权出版社 2012 年版，第 144 页。

实践的基础上。

孙伯鍨、张一兵明确历史辩证法的研究对象不仅有感性事物，也有社会实践活动引出的社会联系和过程，指出马克思的历史辩证法始终是以唯物主义理解了的实践概念为基础的，并对作为人类赖以生存发展的物质活动给予辩证的分析和解剖，才能完成对社会发展一般规律的科学揭示和说明。[①]他们指出辩证法首先强调物质现实的先在性，这种先在性既包括自然界的先在性也包括人类社会。将自然界作为一个整体来认识，不是表面上联合自然科学分门别类的结果，而是研究作为整体的自然界和作为整体的人类社会之间的全面的相互影响和相互作用，将自然辩证法和历史辩证法紧密地结合起来加以研究。[②]

还有一些学者从别的角度深化理解自然辩证法和历史辩证法的关系。胡大平指出恩格斯的自然辩证法是以辩证法在自然研究中的历史变迁来说明它

---

① 孙伯鍨、张一兵:《走进马克思》，江苏人民出版社 2001 年版，第 243 页。

② 孙伯鍨、张一兵:《走进马克思》，江苏人民出版社 2001 年版，第 603—604 页。

何以构成科学的要求，自然史的梳理是以唯物主义历史观为前提的，不能推论出以自然辩证法所代表的自然观是唯物主义历史观在自然领域中的推广和应用，恩格斯是站在历史科学角度来理解自然史的，同时以自然史的角度来反映时代发展所面临的问题。在自然辩证法中所提到的“自然的报复”正阐明了随着人类与自然关系的加深自然地扩大的辩证法原理，其实是深化了马克思的历史辩证法，提出了一种以人与自然之间相互作用为核心的自然视角。[①] 臧峰宇分析西方学者对自然辩证法的误读，认为要想理解自然辩证法与历史辩证法的关系，就要理解哲学的最后存在形式，即形式逻辑和辩证法，现代哲学都是与具体科学交织在一起的历史科学，在历史发展进程中更新原有的理论形式，就是唯物主义的时代特征，“自然辩证法实际上是研究自然界与人类关系问题的一种新科学，不能将其完全等同于辩证唯物主义”[②]。

西方学者形成自然辩证法与历史辩证法的对立，

① 胡大平:《回到恩格斯》，江苏人民出版社 2011 年版，第 492 页。
② 臧峰宇:《重思晚年恩格斯视域中的“唯物辩证法”——兼及《自然辩证法》手稿解读》，载《教学与研究》2015 年第 4 期。

实质是将早期马克思与晚期恩格斯思想对立起来，正如德国学者卡尔·巴列斯特雷姆[①]认为恩格斯的自然辩证法看重的是，一个辩证的思想方法如何在现代的社会科学和自然科学中变得越来越普遍，无论是马克思还是恩格斯都强调的是辩证思维如何通过不断发现自己在实践中得到证实和应用，来证明思维和存在的同一性。

（七）自然辩证法与黑格尔的辩证法

西方学者大都认为恩格斯的辩证法是黑格尔以逻辑运动所建构的自然哲学的另外一种化身，以此跟马克思改造黑格尔辩证法相区别，但在具体观点上略有差异。

一些学者认为马克思的辩证法是对黑格尔辩证法的合理吸收，但是恩格斯是直接套用黑格尔思想。

施密特认为恩格斯自然辩证法的基本范畴，都是从黑格尔的《逻辑学》借来的，而且这部分就是黑格尔的“本体论的逻辑学”，但是马克思并没有

---

① ［西德］卡尔·巴列斯特雷姆：《对恩格斯的讨论》，载林进平主编：《马克思主义研究资料》第24卷，中央编译出版社2015年版，第300—301页。

用物质的世界实体，这种属于形而上学的东西，来置换黑格尔的世界精神。持类似观点的还有萨特，他认为“恩格斯也是同黑格尔一样，将思想规律强加给物质，形成一条终极的普遍法则”[①]，实际上是一种纯粹的和简单的不合理性，导致的结果要么取消先验的人的思想，或者形成了一种可以任意给自然界强加规律的意识，或者就是用自然界重新发现的偶然事实来验证这种理性规律。

还有一些学者赞同马克思合理吸收黑格尔，但认为恩格斯并不是直接套用黑格尔思想，而是完全背离黑格尔。

胡克认为，马克思将黑格尔的辩证法主要理解为一种社会关系。但恩格斯的自然辩证法则是“对黑格尔的思想吸收得比较多，而消化得比较少”[②]。在胡克看来，恩格斯抛弃了黑格尔以及马克思辩证法中的意识作用，将其定义为：辩证法是关于自然、人类社会和思维的运动和发展的普遍规律的科

---

① ［法］保罗·萨特：《辩证理性批判》，林骧华等译，安徽文艺出版社1998年版，第165页。

② ［美］悉尼·胡克：《对卡尔·马克思的理解》，徐崇温译，重庆出版社1989版，第331页。

学。这实际上是将一切知识都囊括到辩证法的范围之中。这种逻辑只有建立于黑格尔唯心主义基础之上才成立。但恩格斯既要抛弃黑格尔的唯心主义前提，又要论证辩证法广泛存在于自然界，只能将辩证法与“运动”“发展”“变化”等同，用物理学的“变化”和生物学的“发展”实例来进行论述。

莱文认为马克思与恩格斯都不同程度吸收黑格尔的“遗产”，但是马克思对黑格尔辩证法的扬弃过程，保留了黑格尔中积极的因素：“主观性、实践性与否定性概念”[①]，形成了人化的自然世界观。但是恩格斯将自然科学与辩证法进行了总和，却构成对黑格尔辩证法的一种内在毁坏。“当恩格斯开始把辩证法运用于自然时，他自以为这种修正是进步性的，以为这会改善和实现黑格尔最初洞见的诺言，然而，恩格斯式的颠倒，既是把辩证法置于毁坏辩证过程本身的意义的自然哲学领域，又是对黑格尔思想意图的全盘歪曲。”[②]

---

① 《马列著作编译资料》（第 14 辑），人民出版社 1981 年版，第 34—35 页。

② ［美］诺曼·莱文:《辩证法内部的对话》，张翼星译，载吴晓明编:《当代学者视野中的马克思主义哲学——西方学者卷下》，第 402 页，

科拉科夫斯基认为恩格斯对黑格尔非辩证的自然观的拯救，实际上是落入了黑格尔所批判的康德和费希特的观点之中，用不断发展观念排除了“存在”的同一性，已经不再是黑格尔哲学的传统。但是马克思是“以他自己的方式吸收了康德和黑格尔关于历史发展最终导向人类联合、存在于本质的同一以及人类生活偶然性的消除”[①]。

另外一些学者如新实证主义学派德拉·沃尔佩和科莱蒂则认为马克思与黑格尔之间没有任何连续性，恩格斯是陷入黑格尔的形而上学思潮。他们认为黑格尔的“抽象—具体—抽象”的辩证法混淆了概念的发展进程和实际事物的发展过程，而马克思提供的是“具体—抽象—具体”[②]的循环原则是科学方法的原则。但是恩格斯在没有理解黑格尔的“物质辩证法”本意之前，就将“物质辩证法”当作新科学的标准，即把科学标准的理智原则，颠倒为形而上学的标志，“恩格斯如此一贯追求的东西并不

---

① ［波兰］莱泽克·科拉科夫斯基：《马克思主义的主要流派》，冯潇、周嘉昕译，载吴晓明编：《当代学者视野中的马克思主义哲学——西方学者卷下》，北京师范大学出版社 2011 年版，第 372 页。

② ［意］德拉·沃尔佩：《卢梭和马克思》，赵培杰译，重庆出版社 1993 年版，第 161 页。

能从科学中获得，而只能从黑格尔旧的自然哲学的一种非批判的复兴中获得；恩格斯最终所要做的并不是把科学（即唯一对我们有用的知识形式）从与其相联的任何思辨的束缚中进一步解放出来，而是恰恰相反：把旧的形而上学转嫁给科学”[①]。

西方学者或借助马克思黑格尔化，或借助恩格斯黑格尔化，来制造马克思恩格斯辩证法的差异，在我国学者徐琳、唐源昌看来，都是片面的与错误的。他们认为马克思与恩格斯的共同特征是都发现了黑格尔哲学中体系和方法的矛盾，批判黑格尔哲学唯心主义体系发现拯救辩证法的内核，马克思就多次表示辩证法需要剥去自然的神秘形式，采取科学的态度，批判地继承黑格尔哲学中的辩证法思想。[②]

孙正聿认为马克思和恩格斯都批判黑格尔的唯心主义概念辩证法，他们都是以实践观点的思维方式扬弃黑格尔的辩证法，马克思通过批判黑格尔哲学的“抽象理性”和“抽象存在”，来构成“自

---

① Lucio Colletti, “Marxism and Hegel” , *NLB*,1973,p44.

② 徐琳、唐源昌:《恩格斯与现时代》，中国人民公安大学出版社 1994 年版，第 207—208 页。

己以人的历史活动为内容、以抽象的存在——资本——为批判对象的辩证法”[①]，终结了黑格尔超历史的形而上学和辩证法的合流，而恩格斯的辩证法是在理论思维层面上系统阐述辩证法，揭示了形而上学与辩证法这两种思维方式之间的关系，做出了自发形态的辩证法与自觉形态的辩证法的区分，指出黑格尔虽恢复了辩证法这一最高思维形式，却因为唯心主义的特征，而无法解释时代的任务，恩格斯的辩证法是试图超越形而上学思维的局限性，“为自然科学展现一种建立在通晓思维的历史和成就的基础上的理论思维”[②]。

胡大平指出西方学者在指责恩格斯与马克思辩证法差异时，并没有清晰定义所谓的“黑格尔哲学的残余”。事实上，马克思在指责蒲鲁东对辩证法的滥用时，就用过“科学辩证法”与“思辨哲学”相对，意图强调自己与黑格尔在辩证法上的关系是一种颠倒关系，这种颠倒的最简洁表述便是从思

① 孙正聿:《马克思主义辩证法研究》，北京师范大学出版社 2012 年版，第 70 页。

② 孙正聿:《马克思主义辩证法研究》，北京师范大学出版社 2012 年版，第 106 页。

辨（即建构体系的神秘方法）到科学（即阐明事物之间普遍联系和运动发展的科学方法）。马克思曾说："一旦卸下经济负担，我就要写《辩证法》。辩证法的真正规律在黑格尔那里已经有了，自然是具有神秘的形式……必须把它们从这种形式中解放出来。"[①] 但马克思并没有留下专门论述辩证法的著作，马克思对待黑格尔辩证法的态度影响着恩格斯，恩格斯只是通过证明辩证法是自然和历史运动的普遍规律来证实辩证思维是科学思维，两人在反复批判黑格尔哲学的"神秘形式"时思路是一致的，因此自然辩证法和历史辩证法仅仅是切入口差异，自然辩证法是恩格斯"澄清马克思主义与黑格尔关系必须偿还的债务"[②]。

（八）关于"劳动创造人"的问题

《劳动在从猿到人转变过程中的作用》（本篇简称《作用》）在《自然辩证法》手稿中放在最后部分，通常被看作从自然界到社会过渡的篇目，其核心概念在于"劳动创造人"，劳动使得人从自然界走向了社会。国内对此观点争论颇多。

---

① 《马克思恩格斯全集》第 32 卷，人民出版社 1974 年版，第 535 页。
② 胡大平：《回到恩格斯》，江苏人民出版社 2011 年版，第 302 页。

持肯定态度的学者主要有吴汝康、黄庆、吕世荣等。吴汝康在《人类的起源和发展》中提道："自从恩格斯提出了劳动创造人类的理论，指出人类能够从动物状态中脱离出来的原因是劳动以后，人类学的研究又有了很大发展，收集到的资料愈来愈丰富，完全证明了恩格斯的科学论断。"① 黄庆指出：恩格斯的这篇作品科学地论证了"从猿到人"的历史过程，人类之所以从动物界分化出来，是劳动的结果。吕世荣认为恩格斯依据当时的材料，叙述从猿到人发展过程的主要阶段，说明人这一物种是劳动的产物。

一些学者则持质疑的态度。张秉伦、卢勋认为"劳动创造人"并不是这篇文章的原意，恩格斯强调的人的劳动是对人类社会和人的本身发展的意义，并没有说从猿到人转变过程中是否起着决定性作用。朱长超则指出："恩格斯在《作用》一文中试图用劳动创造人这一命题来否定达尔文学派关于自然选择使猿变成人的论述，但是，恩格斯在文中对劳动的定义和劳动创造人这两个命题之间存在着

---

① 吴汝康：《人类的起源和发展》，科学普及出版社 1965 年版，第 67 页。

明显的逻辑矛盾……缺乏坚实的自然科学根据。”[①]龚缨晏从生物学的角度指出恩格斯这一命题是不符合生物学研究成果的。汪济生也认为“劳动创造了人本身”这一命题是明显地带有政治色彩的学术命题。从今天实证科学所达到的水准来看，在讨论人之成人的最根本原因时，它已明显地失去了能起界定作用的学术价值。

黄湛、李海涛认为出现上述分歧的原因在于以上学者将“劳动创造人”与“劳动创造了人本身”直接等同起来。这两者的差别在于译者前后译本的校译问题。黄湛、李海涛认为“劳动创造了人本身”中的“人本身”与“劳动创造了人”中的“人”，是两个不同的概念，前者是指介于猿与人之间的“过渡性生物”——正在生成中的人，在质的规定上仍属于动物；后者是指“从动物状态中脱离出来”的原始人，为现代人的祖先。只把“劳动”视为人类脱离动物状态的原因，不但否认了“正在生成中的人”生命生产的第二种方式的嬗变对其进化为“完全形成的人”的作用，而且也抹杀了恩格

① 朱长超：《是劳动创造了人，还是劳动选择了人？》，载《自然辩证法通讯》1985 年第 5 期。

斯为“完全形成的人”所界定的“社会”属性。

关于劳动创造人的问题，福斯特对恩格斯的内容给予了高度肯定，正是由于提出了“劳动创造了人”的观点，恩格斯才被古尔德称为19世纪中最伟大的创造了基因—文化共同进化理论或者说劳动进化理论的人。在福斯特看来，许多现代人类学理论又回到了恩格斯在19世纪首先提出的唯物主义即共同进化的观点。这样，制造和使用工具的人类劳动在人类进化和社会发展中的重大意义逐渐清晰地显现出来。福斯特指出：“正是劳动，从一开始就不仅构成了人类社会发展的秘密，而且构成了‘从猿到人转变’的秘密。另外，正是劳动规定了人类拥有的特殊的生态地位。所以马克思和恩格斯用共同进化的观点来看待人类和自然的关系，这种观点对生态认识理性来说极其重要，因为它使我们认识到：人类不是完全根据他们的选择来改变他们的环境，而是在自然历史所提供的条件的基础上来改变他们的环境。”①

也有学者没有拘泥于劳动创造人的问题探讨，

---

① ［美］约翰·贝拉米·福斯特：《马克思的生态学——唯物主义与自然》，刘仁胜等译，高等教育出版社2006年版，第229页。

而是从劳动为各种艺术的产生和发展提供物质基础和生理条件出发，研究人的艺术起源和发展问题。邓志远[①]指出关于艺术起源有摹仿说、游戏说、巫术说等观点，但由于脱离人的社会实践，单纯地从人的生理、心理需要出发去考察和探讨，不能圆满地解决艺术起源问题。恩格斯结合对唯物史观的一些根本问题，对艺术起源给予原则性见解。“劳动创造了人本身”，意味着劳动最早创造了人的手，人的发音器官和语言，以及相应的听觉器官和感觉器官，这构成了艺术产生和发展的物质基础和生理条件，同时在劳动中产生了各种艺术的需要。这对艺术起源问题进行了很多的补充与说明。从这个角度邓志远分析了恩格斯《劳动在从猿到人转变过程中的作用》中人的生理机制与艺术感觉的关系，探讨了马克思主义从经济政治、社会分工、生理机制、艺术感觉以及自身的继承创新等方面论述了艺术发展的规律，对艺术起源和发展做了最全面、科学的回答。

---

① 邓志远:《马克思恩格斯文艺理论史简说》，中山大学出版社 1999 年版，第 218—219 页。

（九）自然辩证法中所包含着的生态伦理问题

《自然辩证法》不仅展现了自然的辩证图景，而且通过研究人的劳动的作用，把科学的发展与自然和社会联系在一起，“人通过他所做出的改变来使自然界为自己的目的服务，来支配自然界……但是我们不要过分陶醉于我们人类对自然界的胜利，对于每一次这样的胜利，自然界都对我们进行报复”[①]。恩格斯在其著作中所透露的不自觉的生态观，引起了学者的关注。

生态马克思主义学者福斯特认为要想超越西方马克思主义对自然辩证法的否定，就要从生态学维度去考察。在他看来，恩格斯的自然观存在两种自然辩证法，“强自然辩证法”与“弱自然辩证法”，前者是指自然界的自在规律，后者是指人类按照自然本身理解自然的认识规律。这是人类理性看待自然界的一种必要的启发性策略。恩格斯对自然进化的观点既要看到有机界和谐的合作，也要看到自然中的生存竞争，“正是这种复杂的辩证的自然主义，作为一种富有生态学洞察力耀眼的观点，在恩

① 《马克思恩格斯全集》第26卷，人民出版社2014年版，第768—769页。

格斯的后来的思想中到处可见”[①]。恩格斯结合达尔文的进化论思想，揭示了人类史前的发展，使得文化上的共同进化可以被辩证地看作来源于物质的劳动过程，人类通过制造工具和生产来改变他们与自然的关系，这样的生态自然观影响了后来者的生态思想。

戴维·佩珀进一步概括了马克思主义的社会—自然辩证法基本观点，“第一，马克思主义者认为，在自然和人类之间没有分离，它们彼此是对方的一部分——矛盾的对立面。这意味着，人与自然不可能排除与另一个的联系来界定其中的一个（试一试）。实际上，它们就是对方——人类的行为是自然的，而自然是在社会中产生的。第二，它们在一种循环的、互相影响的关系中不断地相互渗透和相互作用。自然及其对它的看法影响和改变人类社会——人类社会改变自然，被改变的自然又影响着社会进一步地改变它”[②]，认为人类在生产过程中借

① ［美］约翰·贝拉米·福斯特：《马克思的生态学——唯物主义与自然》，刘仁胜等译，高等教育出版社 2006 年版，第 263 页。

② ［英］戴维·佩珀：《生态社会主义：从深生态学到社会正义》，刘颖译，山东大学出版社 2005 年版，第 155 页。

助他们对自然的反思和对自然的享受，与自然的其他部分辩证地相互渗透。社会劳动是社会与自然之间新陈代谢相互作用的中介。在劳动中，人类把自身的力量融入自然中，人类由此获得了作为使用价值的社会品质，这样产生的结果是，在人被自然化的同时自然也被人化了。这也就意味着恩格斯自然辩证法中的思想与马克思自然观都包含着一种对社会与自然关系的生态理解。

我国学者聂长久、韩喜平系统地分析了自然辩证法中恩格斯所蕴含着的初期的生态伦理思想，表现在以下几个方面：首先，人的发展是自然性和人性的辩证统一，这种统一通过一般生产和社会生产得以实现。人类对自然资源的合理利用体现了自然性，在利用自然的过程中也体现了人的本质的逐步完善，人性是不能脱离并超越自然性，人与自然的和谐并不是体现一种臣服关系，而是服从自然性前提下的人性与自然性的统一。其次，自然与人具有同等的伦理主体与道德主体。恩格斯将生态伦理构建于辩证唯物主义生命观之上，否定灵魂不死的宗教基础，反对将达尔文生存斗争的学说作为生态伦理的准则。最后，从猿转变成人的过程，体现了人与生态之间的原始关系，成为马克思主义生态伦理的逻辑起点。具体表现在劳动创造了人本身，劳动也最终改变了人与动物之间的关系，使动物成为人类支配利用的对象。这具有历史发展的合理性。“恩格斯强调了人与动物之间的差异并不是为人类肆意践踏动物的权利制造合法性理由，而是为了强调人是高于自然界中的其他生物，人能够认识自然规律，因而对自然必须承担道德责任。其他的动物不能认识自然规律，因而他们对其破坏生态的行为不负道德责任。”①

（十）作为学科建制的自然辩证法研究范式的探讨

在我国，自然辩证法作为一门学科性质出现来自1956年国务院所指定的“十二年规划”。作为哲学社会科学研究规划的组成部分，自然辩证法规划草案把自然辩证法定位为：“在哲学和自然科学之间是存在着这样一门科学，正像在哲学和社会科学之间存在着一门历史唯物主义一样，这门科学，我们暂定为‘自然辩证法’，因为它是直接继承着恩

① 聂长久、韩喜平：《马克思主义生态伦理学导论》，中国环境科学出版社2016年版，第65页。

格斯在《自然辩证法》一书中曾进行过的研究。”[1]关于这门学科所要研究的内容与对象，自形成以来就存在着很大的争议。

1. 作为学科建制的自然辩证法与马克思主义理论的关系

马克思主义理论，有三个来源和三个基本组成部分的经典提法，按照这样的提法，自然辩证法算不上马克思主义的“基本组成部分”，最多只能说，自然辩证法是“马克思主义哲学的基本组成部分”。这也就意味着自然辩证法更多的是探讨自然科学中的哲学问题，事实上在20世纪50年代到80年代初，学界讨论的内容就是把自然辩证法看作辩证唯物主义自然观，比较多地强调自然界的物质性、根基性及在自然认识上两条路线的斗争，特别是关于自然界有无辩证法的争论。不过改革开放以后，迅猛发展的自然科学与社会科学以及与之相伴随的学科分化和综合现象，使得自然辩证法如果单纯地从哲学角度去囊括众多科学领域，已经不太可能，如何看待作为学科建制的自然辩证法与马克思主义的

① 龚育之:《自然辩证法在中国》，北京大学出版社1996年，第12页。

关系成为学者们所关注的内容，这也影响着自然辩证法的研究内容。

1995年由于光远、查汝强出版的《自然辩证法百科全书》对自然辩证法做了这样的定义："自然辩证法是马克思主义哲学的一个分支学科。……自然辩证法研究自然的辩证法和自然科学的辩证法。……自然辩证法既是辩证的自然观和自然科学观，又是自然科学研究的认识论和方法论，改造自然的实践的方法论……自然辩证法研究的对象就是自然和自然科学。研究的基本内容就是：自然界的辩证法、自然科学辩证法、自然科学方法论，再加上技术辩证法，即独立出来的人工自然的辩证法。"① 在这个定义中，尽管依然是借鉴了恩格斯的看法，将自然辩证法视为马克思主义哲学的分支学科，但于光远、查汝强的目的是想要将自然辩证法打造成一个科学体系来发展建设，包括很多不属于哲学的科学部门。

张明国就指出当前如果仍把自然辩证法性质确定在哲学上，是不能完全代表自然辩证法本身所

---

① 于光远、龚育之、查汝强：《自然辩证法百科全书》，中国大百科全书出版社1995年版，第1页。

具有的特色。他认为自然辩证法是马克思主义理论研究的一个组成部分，而不仅是马克思主义哲学研究的一个组成部分；研究对象之“自然”，既包括“天然自然”也包括“人工或社会自然”；所面临的“实际”，不仅包括与科学技术相关的实际，还包括除此以外的实际；研究主体不仅包括自然科学工作者和哲学社会科学工作者，还包括其他人；自然辩证法的对外开放和国际交流，不仅涉及学术领域，还涉及社会领域。自然辩证法作为“具有马克思主义的特色或色彩的诸科学部门的总称”。因此作为马克思主义（而不仅是马克思主义哲学）与自然科学之间的中介或交叉学科，不再只是一个二级哲学学科，也不再只具有哲学性质了，它完全可以作为介于自然科学、社会科学与人文科学之间的一级学科存在。①

从自然辩证法哲学性质到强调其特殊的学科群，也体现在作为自然辩证法学科建制统编教材的定义规定中。1979 年由孙小礼主持编写的《自然辩证法讲义（初稿）》中定义：“自然辩证法是关于

---

① 张明国：《从“科学技术哲学”到“科学技术学”》，载《科学技术与辩证法》2003 年第 1 期。

自然界和自然科学发展的普遍规律的科学。它是马克思主义的自然观和科学观，又是认识自然和改造自然的方法论。”[①] 这一版教材定义更多的是从研究自然科学的世界观角度来对自然辩证法下定义，强调自然辩证法同马克思主义唯物史观同等重要的自然观念。统编教材第二版是1991年出版的由吴延涪等人具体召集编写的《自然辩证法概论》（修订版），采用了如下定义：“自然辩证法是马克思主义哲学的重要组成部分，是关于自然界和科学技术发展的一般规律以及人类认识和改造自然的一般方法的科学。”[②] 这里就将自然辩证法视为马克思主义哲学下的组成部分，侧重研究规律性的科学。2004年黄顺基担任主编的《自然辩证法概论》统编教材则明确地下了一个新定义：“自然辩证法是马克思主义的重要组成部分，其研究对象是自然界发展和科学技术发展的一般规律、人类认识和改造自然的

① 《自然辩证法讲义》编写组:《自然辩证法讲义（初稿）》，人民教育出版社1979年版，绪言i。

② 国家教委社会科学研究与艺术教育司:《自然辩证法概论》（修订版），高等教育出版社1991年版，第1页。

一般方法以及科学技术在社会中的作用。”[①] 这就拓展了自然辩证法的哲学维度，强调不仅要研究自然科学中的哲学问题，还要探究科学技术与社会的问题。作为“教育部马克思主义理论研究和建设工程重点教材”（以郭贵春为首席专家）的第四版统编教材（《教学大纲》），采取了如下定义：“自然辩证法是马克思主义关于自然和科学技术发展的一般规律、人类认识和改造自然的一般方法以及科学技术与人类社会相互作用的一般原理的理论体系，是对以科学技术为中介和手段的人与自然、社会的相关关系的概括、总结。自然辩证法是马克思主义自然辩证法，是马克思主义理论的重要组成部分。”[②] 可见，第四版统编教材认可和继承了第三版统编教材给出的将自然辩证法看作马克思主义的组成部分的范畴。

从自然辩证法作为马克思主义哲学的组成部分，到作为马克思主义理论的组成部分，这反映出自然

---

① 教育部社会科学研究与思想政治工作司组编：《自然辩证法概论》，高等教育出版社 2004 年版，第 1 页。

② 《自然辩证法概论》编写组：《自然辩证法概论》（2013 年修订版）第二版，高等教育出版社 2013 年版，第 1 页。

辩证法的研究从马克思主义自然哲学本体论向以马克思主义理论为基础的认识论转变。恩格斯的《自然辩证法》包含自然观、科学观、方法论三大块，恩格斯撰写自然辩证法的本质就在于通过以马克思主义哲学概括自然科学成果，阐明辩证的自然观和科学观，实现本体论、认识论和方法论的统一，随着现实科学世界的发展，就要求自然辩证法跳出哲学本体论维度，更注重科学论和方法论的研究。

2. 自然辩证法学科定位与未来发展走向的讨论

自然辩证法的研究在我国经历了自然观、科学论、科学、技术与社会（STS）四个发展阶段。从最初探究辩证唯物主义自然界的物质性的本体论研究，到改革开放以来，国外大量科学哲学著作被翻译引介，进入了科学认识论时期。之后自然辩证法的学科范式转换为“科学技术哲学”，基本确定了自然辩证法的学科框架。伴随资源与环境问题、人的身心与社会状况问题的凸显，以及技术理论在 20 世纪 90 年代初的大规模进入，自然辩证法研究的学术重点迅速转移到 STS 时期。这反映了随着与西方交流得越来越频繁，自然辩证法研究内容也在不断地进行扩展。目前，中国的自然辩证法研究的内容已包括自然哲学、科学哲学、技术哲学、科学思想史、科技文化、科技伦理、科学技术与社会研究、科技传播、科技管理与政策等。由于在这些内容上的不同理解，对学科定位和未来发展走向有着不尽相同的观点。

（1）以于光远为代表的认为自然辩证法是“大口袋”的学科群。于光远[①]主张自然辩证法是一个学科群，这个学科群包含两个方面，一方面作为自然规律和自然科学方法论的自然辩证法同历史唯物论处于并列的地位，是辩证唯物主义的应用和证明，这是“狭义的自然辩证法”，同时自然辩证法又是作为马克思主义特色的诸科学部门的总称。当前学术界，有学者继承发扬了这一观点。如傅德本认为“有了这样的大口袋就可以囊括今天我们认识到的诸如相对论、量子力学、物质的四种作用力（物理），数学的各种结构（从函数、集合到群论、图论等，化学结构，生态系统，等等），而且还可以包容自然事物的各种复杂性（非线性）的纤细形

① 于光远：《一个哲学学派正在中国兴起》，江西科学技术出版社1996年版，第555页。

式”[①]。陈建新则认为“大口袋”的雏形形成于恩格斯的《自然辩证法》中。而在中国“自然辩证法”课程，无论是教学内容、教材建设、教学方法和教学队伍都突出地表现出了“大口袋”的特色。自然辩证法在中国，无论在自身理论、事业、学科建设等过程中都离不开“大口袋”或学科群的特色。[②]

（2）自然辩证法应脱离哲学下的二级学科，走向“科学技术学”。1987 年，国务院学位委员会在组织修改研究生学科目录时，将自然辩证法正式更名为“科学技术哲学（自然辩证法）”，并作为哲学的二级学科来建设，使得自然辩证法向科学技术哲学进行范式转换。对这种范式转换，也有学者提出争议。张明国认为这科学技术哲学从范围、程度、内容上都不及自然辩证法，可能会缩小自然辩证法的研究领域和内容。当前人们已经在“科学技术哲学”和“自然辩证法”的称谓之间陷入了深刻的“两弃两难”境地。而且目前自然科学技术迅猛发

① 傅德本：《论自然辩证法及其发展》，载《自然辩证法研究》2002 年第 1 期。

② 陈建新：《自然辩证法究竟是个什么样的“大口袋”》，载《自然辩证法研究》2009 年第 10 期。

展，交叉学科层出不穷，又使得“自然辩证法”的生存空间、优势、社会认知度日益缩小，在科学技术哲学不太符合自然辩证法的研究范围时，就应该推动“科学技术哲学”到“科学技术学”的第二次调整。曾国屏[①]教授在中国自然辩证法研究会成立25年之际开展的学术研讨会中，认为“科学技术学是从人文社会科学的角度对科学技术的活动和发展进行研究。科技活动，其最基本含义是科学认识和科学实践两个方面。对于‘科技认识’方面的研究，大体上是科技认识论和方法论的研究，这当然就是科技哲学”。在他看来，自然辩证法成为一门独立学科，更是需要不断构建以科学技术与相邻学科结合的学科群。而科学技术学是从社会科学角度对于科学技术的研究。当代社会的发展，“科学技术学”的诞生已成必然，建设这一学科及学科群不仅必要，而且有利于与国际相应领域（STS）及其学术研究领域接轨。

张功耀[②]认为科学技术学替换自然辩证法能够

---

① 曾国屏：《论走向科学技术学》，载《科学学研究》2003年第2期。
② 张功耀：《用“科学技术学”替换“自然辩证法”的再思考》，载《科学技术与辩证法》2005年第6期。

更加符合我们自身的学术传统，更加便于国际交流，更好地推动我国自然辩证法的发展，对于“走向科学技术学”的观点，目前存在着很大的争议，孙玉忠[1]认为科学技术学违背了恩格斯的自然辩证法本意，如果自然辩证法不再以自然观为其研究内容，就不能更好地研究科学观，二者应该是统一起来的，用科学技术代替自然辩证法会带来混乱，因此科学技术学是自然辩证法学科内部问题，无须另起炉灶。

（3）立足于自然辩证法对科学技术哲学进行学科划分。吴国盛同样注意到用“科学技术哲学”代替“自然辩证法”可能会导致研究方向分化、研究内容庞杂。但他并不认为从科学技术学出发能够更好地解决现状，相反，国务院对自然辩证法学科名字的更改，正反映出当前学科建设在名称上所取得的共识。科学技术哲学自身有三个特点：从思想倾向上，注重实证的科学哲学；拒绝意识形态化，强调学科自主；重视学科建设，收敛研究领域。不过尽管从学科建制化的角度，取得一定进步，但在

① 孙玉忠：《自然辩证法何以为科学技术学》，载《自然辩证法研究》2002 年第 12 期。

学术范式的方面至今还没有突破性的进展。他主张[①]，顺应当前学科分化，把中国自然辩证法（科技哲学）界的现状概括成两个群体：哲学群体和社会学群体，两个阵地：教学（必修课）阵地与研究阵地。哲学和社会学两个群体应建立各自的学科范式。吴国盛更多地强调科学技术哲学这一范式转变之后，学科建制的内容应该伴随着范式转换突出其研究的核心内容。

（4）自然辩证法应走向自然科学哲学问题的研究。持这一观点的学者是吴彤教授。他指出，在我国科学哲学研究领域，一直有人强调所谓纯粹的科学哲学研究，并且强调各种转向，认为只有对科学哲学的理论问题的研究才是科学哲学的正宗，而自然科学哲学问题研究却成了科学哲学的外围，至于科学与社会关系研究则根本不是科学哲学。在他看来，科学技术哲学应该以自然科学哲学问题的研究为主流。他通过对一些国内外科学哲学重要刊物的文献统计与分析发现，自然科学哲学问题研究一直是国外科学哲学的主流，如果从加强对外交流的角

① 吴国盛：《中国科学技术哲学三十年》，载《天津社会科学》2008年第1期。

度而言，侧重于自然科学哲学问题研究能够更好地参与国际对话之中。[①]

（5）保持自然辩证法的哲学性、方法论性和多元性发展模式。以郭贵春和成素梅等学者为代表，主张科学技术哲学应保持多元性研究。[②]认为从“STS”产生的历史背景和研究范围来看，是以多学科、跨学科和交叉性为特点的全新的研究领域，不是传统的科学技术哲学、科学技术史、科学技术社会学等学科的简单组合，把STS翻译为“科学技术学”，作为一种学科，并将其提升为涵盖其他学科的一级学科来对待是不妥的，应该译为“科学与技术的人文社会学研究”，这就意味着从人文社会学的视角，对科学与技术进行多维度多学科的批判与思考，突出自然科学、工程技术与人文科学之间的整体性与内在相关性。

对于吴彤主张的科学技术哲学应该以自然科学哲学问题的研究为主流的观点，郭贵春和成素梅等

① 吴彤：《论科学哲学的研究方向》，载《哲学动态》2003年第6期。
② 郭贵春、成素梅、马惠娣：《如何理解和翻译“Science and Technology Studies”》，载《自然辩证法通讯》2004年第1期。

认为[1]仅凭自然科学哲学问题类文章在国内外的有限刊物中的比率，以及部分学者强调这一类问题研究的重要性做出科学哲学研究主流定位于自然科学哲学的断言是不妥的。他们通过分析科学哲学的研究传统、传播和教学的历史现状后指出，科学哲学始终是一门处于发展中的学科，是兼容并蓄的、分层次的、多元化的开放体系，其产生是对自然科学哲学问题研究的一种现实超越，后者是前者的现实基础，前者是后者的理性升华。自然科学哲学问题的研究虽然是必要的，但并不能作为主流，科学技术哲学仍应该保持其研究的哲学性、方法论性和多元性。

（6）关于科学技术哲学（自然辩证法）的文化转向研究。与其他学者讨论科学技术哲学本质是哲学维度还是社会科学维度不同，也有部分学者注重自然辩证法中的价值维度，提出科学文化哲学的研究方向。孟建伟提出科学技术哲学的框架更多的是从认识论角度研究科学，当前科学哲学的发展不仅是经验科学知识论范围内的扩展，也要看重科学发

① 郭贵春、成素梅：《也论科学哲学的研究方向——兼与吴彤教授商榷》，载《哲学动态》2003 年第 12 期。

展的社会、历史和文化价值及其对科学的影响和作用。因此从科学哲学走向科学文化哲学，将对科学的哲学研究从认识论拓展到价值论，从科学价值论角度能够将科学放在整个社会、历史和文化的背景中研究，揭示出科学的动力目的及其发展变化的规律，同时能够最大限度地整合元科学各分支，使科学哲学具有更加广阔的发展空间，架起科学与人文两种文化的沟通桥梁。[①]这一观点在2006年由上海社科院举办的“21世纪科学与技术探讨会”上引起了学者的热烈讨论。比如上海师范大学教授柳延延就提出从人文角度去看科学，提出“当代科学试图主宰人文时，人文应以什么样的方式与科学共存？”[②]这一值得深思的问题，上海社科院哲学所沈铭贤研究员则认为科学哲学在文化转向上伦理方面应该是一个可能的生长点，在研究中不应把伦理学的研究方法和视角照搬过来，应从哲学的视角去分析科学技术伦理面临的问题，并探讨科学技术与伦

---

① 孟建伟:《从科学哲学走向科学文化哲学》，载《自然辩证法研究》2003年第6期。

② 曾欢:《中国科学技术哲学之路：在历史与未来之间反思》“21世纪科学与技术哲学研讨会”综述，载《自然辩证法通讯》2006年第4期。

理如何达到良性互动。

围绕《自然辩证法》所展开的各种焦点问题，从哲学界角度来说，主要是集中于如何理解自然科学的辩证法，是以自然科学为对象的辩证法，还是自然科学本身所具有的辩证法。前者意味着自然科学内容有着自身固有的运动发展的方式，要以辩证思维的方法去研究对象，克服形而上学的思维；而后者在对自然科学所概括出来的辩证法，涉及科学与哲学的关系，形成的科学的辩证的哲学思维是否作为本体论的唯物主义体系，反过来继续指导科学工作。这就引发了关于自然辩证法实证性和经验性的讨论，一旦拘泥于著作的个别字句，从著作形成的基本原理去考察自然界，就会陷入狭隘的经验主义与实证主义。西方学界正是从这个角度制造了马恩差异论，批判了辩证法的自然实证倾向，强调社会历史性。国外学界所制造的马恩思想理论的差别，对我国学界产生了重要的影响。尽管我们在坚定不移地维护马克思恩格斯立场一致性上进行了更多的探讨，但依然受到传统实证马克思主义思潮的影响，对自然辩证法的性质以及在什么意义为历史唯物主义提供科学基础的这一问题缺乏深入考察。

1995 年是恩格斯逝世 100 周年，学术界对重新评价恩格斯的自然辩证法观展开了多方面的讨论，其中围绕相关主题就是如何看待马克思与恩格斯自然观的差异与联系，这依然是停留在西方学界所制造的马恩对立的问题域去讨论，当前学术界如何既要试图走出传统对文本的解释模式，又要对自然辩证法与马克思辩证法的关系做出创新性的解读，同时能够客观评价自然辩证法自身的理论价值，挖掘时代的内涵，这些都是亟待解决的问题。

而作为由《自然辩证法》中探讨自然界的客观辩证法规律以及自然科学中的辩证思维方法问题所延伸的作为学科的自然辩证法，其研究内容与发展路径伴随着当前科学进步发展，呈现出自然观本体论研究到科学论认识论研究再到科学价值论研究的趋向。这来自科学技术所引发的人与自然关系的不断变化，比如现代系统论把过去以实体为中心的自然观，转变到以系统为中心的自然观；现代信息论将物质与运动的紧密联系，发展为信息、物质、能量三者之间的紧密联系，将自然界随机变化、偶然性的重大作用等呈现出来，在某种程度上刷新了人与自然的关系，自然界对于人来说越发变得神秘莫测而又更加紧密地与人的行为相联系。进而导致自然辩证法原初所探讨的人与自然关系的哲学内涵，现在更多地被置于社会科学的范围内进行讨论，自然辩证法的辩证逻辑更多地呈现边缘化。作为转换学科范式之后的科学技术哲学一方面来自加强国际交流的现实需求，另一方面依然希望能够从哲学角度去思考科学技术与人类社会的关系。从生存论角度，自然辩证法学科范式在 21 世纪的主要任务，就是要从自然、社会、人的综合视角来思考人类社会发展本身的合理性，并能够提供科学阐释的有效路径。因此，如何以发展哲学为核心建立自然辩证法的学科范式，就成为重要的现实任务。

参考文献

1.《马克思恩格斯全集》第 1 卷，人民出版社 1956 年版。

2.《马克思恩格斯选集》第 1 卷，人民出版社 1995 年版。

3.《马克思恩格斯文集》第 9 卷，人民出版社 2009 年版。

4.《马克思恩格斯全集》第 26 卷，人民出版社 2014 年版。

5.《马克思恩格斯全集》第 32 卷，人民出版社 1974 年版。

6.《马克思恩格斯全集》第 33 卷，人民出版社 1973 年版。

7.《马克思恩格斯全集》第 34 卷，人民出版社 1973 年版。

8.《马克思恩格斯全集》第 44 卷，人民出版社 2001 年版。

9. 于光远、龚育之、查汝强:《自然辩证法百科全书》，中国大百科全书出版社 1995 年版。

10. 黄顺基、周济:《自然辩证法发展史》，中国人民大学出版社 1988 年版。

11. 尹继佐、高瑞泉:《二十世纪中国社会科学》(哲学卷)，上海人民出版社 2005 年版。

12. 朱亚宗:《近代科学史论》，湖南教育出版社 1988 年版。

13. 徐崇温:《保卫唯物辩证法》，人民出版社 1980 年版。

14. 余其铨:《恩格斯哲学与现时代——评“新马克思主义”对恩格斯的责难》，广西师范大学出版社 1998 年版。

15. 徐琳、唐源昌:《恩格斯与现时代》，中国人民公安大学出版社 1994 年版。
16. 吴家华的《理解恩格斯：恩格斯晚年历史观研究》，安徽大学出版社 2005 年版。
17. 张一兵：《马克思历史辩证法的主体向度》，南京大学出版社 2002 年版。
18. 胡大平：《回到恩格斯》，江苏人民出版社 2011 年版。
19. 杨金海主编：《马克思主义研究资料》第 13 卷，中央编译出版社 2015 年版。
20. [苏]勃·凯德洛夫：《论恩格斯〈自然辩证法〉》，殷登祥等译，三联书店 1980 年版。
21. 徐琳、高齐云：《马克思主义哲学史》第 3 卷，北京出版社 1991 年版。
22. 陈先达：《陈先达文集——马克思和马克思主义》第 3 卷，中国人民大学出版社 2006 年版。
23.《爱因斯坦文集》第一卷，许良英、范岱年编译，商务印书馆 1976 年版。
24. [波兰]莱泽克·科拉科夫斯基：《马克思主义的主要流派》第 1 卷，唐少杰等译，黑龙江大学出版社 2015 年版。
25. [日]武谷三男：《武谷三男物理学方法论论文集》，商务印书馆 1975 年版。
26. 中国自然辩证法研究会编：《国外自然辩证法和科学哲学研究》，知识出版社 1983 年版。

27. 李尚德:《20 世纪马克思主义哲学在苏联》，社会科学文献出版社 2009 年版。
28. [匈]卢卡奇:《历史与阶级意识》，杜章智等译，商务印书馆 2014 年版。
29. [德]A. 施密特:《马克思的自然概念》，欧力同等译，商务印书馆 1988 年版。
30. [法]萨特:《辩证理性批判》，林骧华等译，安徽文艺出版社 1998 年版。
31. [美]悉尼·胡克:《理性、社会神话和民主》，徐崇温译，上海人民出版社 2006 年版。
32. [美]悉尼·胡克:《对卡尔·马克思的理解》，徐崇温译，重庆出版社 1989 版。
33. 吴晓明:《当代学者视野中的马克思主义哲学——西方学者卷下》，北京师范大学出版社 2012 年版。
34. [美]特雷尔·卡弗:《马克思与恩格斯：学术思想关系》，姜海波等译，中国人民大学出版社 2008 年版。
35. 林进平主编:《马克思主义研究资料》第 24 卷，中央编译出版社 2015 年版。
36. [英]约翰·霍夫曼:《实践派理论和马克思主义》，周裕昶等译，社会科学文献出版社 1988 年版。
37. 王南湜:《辩证法：从理论逻辑到实践智慧》，武汉大学出版社 2011 年版。

38. 林可济:《自然辩证法研究》，社会科学文献出版社 2013 年版。
39. 孙伯鍨、张一兵:《走进马克思》，江苏人民出版社 2001 年版。
40. [法]列斐伏尔:《马克思主义的当前问题》，李元明译，生活·读书·新知三联书店 1966 年版。
41. 孙亮:《马克思主义哲学研究范式——一种批判性建构》，知识产权出版社 2012 年版。
42. 马列著作编译资料(第 14 辑)，人民出版社 1981 年版。
43. [意]德拉·沃尔佩:《卢梭和马克思》，赵培杰译，重庆出版社 1993 年版。
44. 孙正聿:《马克思主义辩证法研究》，北京师范大学出版社 2012 年版。
45. 吴汝康:《人类的起源和发展》，科学普及出版社 1965 年版。
46. 汪济生:《“劳动创造人说”的现代科学审视》，载《人文社会科学与当代中国》论文集，上海人民出版社 2003 年版。
47. [美]约翰·贝拉米·福斯特:《马克思的生态学——唯物主义与自然》，刘仁胜等译，高等教育出版社 2006 年版
48. 邓志远:《马克思恩格斯文艺理论史简说》，中山大学出版社 1999 年版。
49. [英]戴维·佩珀:《生态社会主义：从深生态学到社会正

义》，刘颖译，山东大学出版社 2005 年版。

50. 聂长久、韩喜平：《马克思主义生态伦理学导论》，中国环境科学出版社 2016 年版。

51. 燕芳敏:《现代化视域下的生态文明建设研究》，山东人民出版社 2016 年版。

52. 龚育之:《自然辩证法在中国》，北京大学出版社 1996 年版。

53. 自然辩证法讲义编写组:《自然辩证法讲义（初稿）》，人民教育出版社 1979 年版。

54. 国家教委社会科学研究与艺术教育司：《自然辩证法概论》（修订版），高等教育出版社 1991 年版。

55. 教育部社会科学研究与思想政治工作司组编：《自然辩证法概论》，高等教育出版社 2004 年版。

56.《自然辩证法概论》编写组：《自然辩证法概论》(2013 年修订版）第二版，高等教育出版社 2013 年版。

57. 于光远:《一个哲学学派正在中国兴起》，江西科学技术出版社 1996 年版。

58. 黄庆：《劳动创造了人》,《天体、地球、生命和人类的起源》，上海人民出版社 1972 年版。

59. Helena Sheehan, "Marxism and the Philosophy of Science:A Critical History—The Fires Hundred Years" , *New Jersey: Humanities Press*,1993.

60. Sidney Hook, “Towards the Understanding of Karl Marx: A Revolutionary Interpretation” , *New York: the John Day Company*, 1933.

61. Lichtheim,G., “Marxism: A Historical and Critical Study” , *New York: Praeger Publishers, Inc.*, 1965.

62. Tucker, Robert C., “Philosophy and Myth in Karl Marx” , *Cambridge: Cambridge University Press*,1972.

63. Stegeer, Manfred B. ande Carver, Terrell, eds, “Engels after Marx” , *University Park, PA: Pennsylvania State University*, 1999.

64. Habermas: “Theory and Practice” , *London: Heinemann*,1974.

65. John Bellamy Foster, Brett Clark, Richard York, “The Ecological Rift: Capitalism’ s War on the Earh” , *New York: Monthly Review Press*,2010.

66. Lucio Colletti, “Marxism and Hegel” , *NLB*,1973.

67. 孙承叔:《是自然辩证法还是历史辩证法——西方马克思主义的辩证法论析》，载《学习与探索》2012 年第 1 期。

68. 俞长彬:《国外正在重新编辑恩格斯的〈自然辩证法〉》，载《哲学研究》1982 年第 1 期。

69. 顾锦屏:《谈谈〈自然辩证法〉的最新译本》，载《自然辩证法研究》2015 年第 11 期。

70. 姜兴宏：《〈自然辩证法〉与〈资本论〉的逻辑体系比较——兼谈改革现行哲学体系的原则》，载《内蒙古师大学报》1985年第2期。
71. 范畅：《究竟如何理解恩格斯的自然辩证法》，载《人文杂志》2011年第6期。
72. 孙慕天：《自然辩证法六十年》(上)，载《理论探讨》1988年第6期。
73. 孙慕天：《自然辩证法六十年》(下)，载《理论探讨》1989年第1期。
74. 张富国：《自然辩证法在日本的早期传播和发展》，载《山东科技大学学报》2001年第3卷第4期。
75. 查汝强：《马克思和自然辩证法》，载《自然辩证法通讯》1983年第4期。
76. 安维复：《超越“凯德洛夫模式”：对〈自然辩证法〉的误解与再思》，载《自然辩证法研究》1991年第4期。
77. 臧峰宇：《重思晚年恩格斯视域中的“唯物辩证法”——兼及〈自然辩证法〉手稿解读》，载《教学与研究》2015年第4期。
78. 吕世荣：《劳动创造了人本身是历史唯物主义的重要命题》，载《中国社会科学报》2011年1月27日第4版。
79. 张秉伦、卢勋：《“劳动创造人”质疑》，载《自然辩证法通讯》1981年第1期。

80. 朱长超:《是劳动创造了人，还是劳动选择了人?》，载《自然辩证法通讯》1985年第5期。
81. 龚缨晏:《关于“劳动创造人”的命题》，载《史学理论研究》1994年第2期。
82. 黄湛、李海涛:《“劳动创造了人”: 对恩格斯原创思想的误读和曲解》，载《吉林大学社会科学学报》2013年第6期。
83. 张明国:《从“科学技术哲学”到“科学技术学”》，载《科学技术与辩证法》2003年第1期。
84. 傅德本:《论自然辩证法及其发展》，载《自然辩证法研究》2002年第1期。
85. 陈建新:《自然辩证法究竟是个什么样的“大口袋”》，载《自然辩证法研究》2009年第10期。
86. 曾国屏:《论走向科学技术学》，载《科学学研究》2003年第2期。
87. 张功耀:《用“科学技术学”替换“自然辩证法”的再思考》，载《科学技术与辩证法》2005年第6期。
88. 孙玉忠:《自然辩证法何以为科学技术学》，载《自然辩证法研究》2002年第12期。
89. 吴国盛:《中国科学技术哲学三十年》，载《天津社会科学》2008年第1期。
90. 吴彤:《论科学哲学的研究方向》，载《哲学动态》2003年第6期。

91. 郭贵春、成素梅、马惠娣:《如何理解和翻译“Science and Technology Studies”》，载《自然辩证法通讯》2004 年第 1 期。
92. 郭贵春、成素梅:《也论科学哲学的研究方向——兼与吴彤教授商榷》，载《哲学动态》2003 年第 12 期。
93. 孟建伟:《从科学哲学走向科学文化哲学》，载《自然辩证法研究》2003 年第 6 期。
94. 曾欢:《中国科学技术哲学之路：在历史与未来之间反思》，载《自然辩证法通讯》2006 年第 4 期。